ANDRES FELIPE VELASCO

ALCANZA TU TRANQUILIDAD FINANCIERA

5 PASOS PARA ORDENAR TUS FINANZAS
Y NO SUFRIR MÁS POR DINERO

ALCANZA TU TRANQUILIDAD FINANCIERA

5 PASOS PARA ORDENAR TUS FINANZAS Y NO SUFRIR MÁS POR DINERO

Por: **Andres Felipe Velasco Ochoa**

Escrito y publicado por:

Andres Felipe Velasco Ochoa

Contacto: afvelasco02ii@gmail.com

Plataformas Virtuales:

Facebook: ordenatuvidahoy

Instagram: @ordenatuvidahoy

ANDRES FELIPE VELASCO
ALCANZA TU
TRANQUILIDAD
FINANCIERA
5 PASOS PARA ORDENAR TUS FINANZAS
Y NO SUFRIR MÁS POR DINERO

¿Por qué leer este libro?

Hazte las siguientes preguntas:

- ¿Sientes que el dinero te alcanza cada vez menos?
- ¿Tu única fuente de ingresos es tu trabajo actual?
- ¿Sabes que deberías ahorrar e invertir, pero el dinero no te alcanza?
- ¿A final de mes no sabes en qué se te ha ido el dinero?
- ¿Tienes deudas?
- ¿No inviertes por miedo a perder tu dinero?
- ¿Nunca le has hecho un diagnóstico a tus finanzas para saber que tan bien (o que tan mal) están?
- ¿Piensas que solo la gente con dinero puede alcanzar metas grandes logros financieros?
- ¿Piensas que te toca trabajar hasta pensionarte así no quieras trabajar tanto tiempo?
- ¿Solo tienes ese empleo por la necesidad de dinero, pero quisieras dedicarte a otra cosa que te guste más?

Si te identificaste con alguna de las anteriores preguntas, este libro fue creado para especialmente para ti.

Regalos para ti

Antes de empezar, recuerda que este libro incluye totalmente gratis para ti los siguientes regalos para que tengas un aprendizaje mucho más poderoso y eficaz.

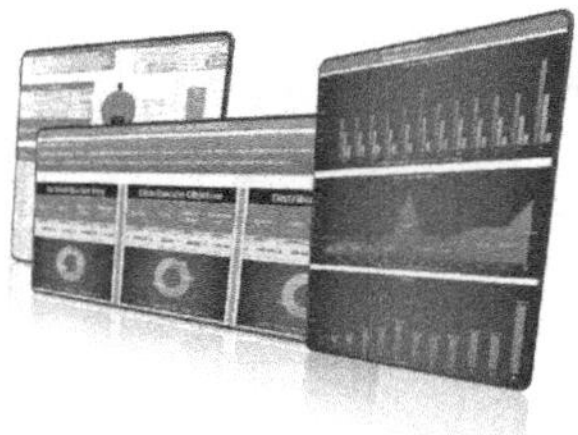

5 plantillas Financieras (1 por cada paso del libro) para que puedas aplicar todos los casos y ejemplos descritos en este libro con tus propias cifras y a tus propias finanzas. Con la ayuda de estas herramientas podrás seguir todo el libro practicando al instante mientras lo lees.

3 ebooks con lecturas adicionales sobre el ahorro, portafolio de inversiones y priorización de problemas financieros que te ayudaran a planear mucho mejor tus finanzas y a complementar los conocimientos que adquirirías con ALCANZA TU TRANQUILIDAD FINANCIERA

Clase en video sobre el Paso 2: Crea Tu Propio Presupuesto explicando detalladamente como configurar tu presupuesto en una app para que te sea mucho más fácil administrarlo, cumplirlo y sobre todo tomar decisiones con los informes.

Para descargar todos estos regalos, solo acceder el siguiente enlace aquí

https://bit.ly/3AT4Je6

Contenido

INTRODUCCIÓN

A pesar de que cada persona tiene una concepción diferente sobre el dinero, cada uno tenemos nuestras creencias y miedos sobre el dinero, pero así pensemos que el dinero es bueno o malo, hay algo que no podemos negar y es que hace parte de nuestras vidas de una forma u otra y tenemos que vivir con él.

Si el dinero está presente en las vidas de todos, y la falta de éste nos puede causar muchos problemas y angustias, ¿no sería mejor aprender a manejarlo bien? Nos evitaríamos varios dolores de cabeza y generaríamos mucho menos estrés si lo hiciéramos.

¿Pero por qué si el dinero es tan determinante en nuestras vidas, solo muy pocos lo manejan bien? La respuesta es simple, nunca nadie nos enseñó a manejarlo. Si tu no tuviste padres ricos que te enseñaran o no creciste rodeado de personas que manejaran bien el dinero, es muy probable que no sepas como hacerlo.

La gran mayoría de nosotros recibimos una educación mínima o nula sobre dinero. En la escuela y en la universidad es poco común que nos enseñe alguien que sepa manejar el dinero o que tenga su propia empresa exitosa. Nuestros padres si no son ricos, tampoco pueden enseñarnos mucho, pues nuestros abuelos tampoco pudieron enseñarles a ellos.

Podríamos pensar que los economistas y los financieros si reciben una educación pertinente sobre dinero, y si, pero es una educación enfocada a administrar el dinero de las empresas donde se desempeñarán como profesionales, pero la gran mayoría de ellos no sabrán como manejar sus propias finanzas personales.

Todos aprendimos que el dinero es un medio de intercambio ¿verdad? Esa fue la definición estándar que nos enseñaron. Y está bien, el dinero es un medio de intercambio, no voy a decirte que no. El problema con esta definición es que la recibimos cuando aún éramos muy pequeños y todos nuestros temas de dinero eran suplidos por nuestros padres o tutores legales. Poco nos interesaba en dinero si en esa época era poco lo que teníamos que trabajar para conseguirlo.

Esa definición del dinero como medio de intercambio la recibimos y poco nos detuvimos a analizarla. Dejamos que nuestra mente la interpretara en automático a su propia conveniencia. Y nuestra mente lo que entendió fue: "Si el dinero es un medio de intercambio, entonces cada vez que tengamos dinero, debo intercambiarlo por cosas".

¿Te ha pasado que llegas a fin de mes sin dinero en tu cuenta bancaria y estas añorando el siguiente pago? Pues bien, resulta que consciente o inconscientemente intercambiaste todo tu dinero del mes por cosas.

Tu podrás decir que era que necesitabas todas esas cosas por las que intercambiaste tu dinero y en varias de ellas tendrías razón. Sin embargo, ¿estas 100% seguro que todo lo que compraste durante este mes era estrictamente necesario como para que no pudieras ahorrar ni siquiera 1 dólar?

¿No será que llegamos a fin de mes sin dinero porque inconscientemente nuestra mente tiene la necesidad de intercambiar cualquier dinero que tengamos libre por cualquier cosa sea que la necesitemos o no? ¿Lo habías pensado así antes?

Como ves, esta definición de que el dinero es un medio de intercambio, aunque es correcta, nos ha creado grandes problemas. Nos invita a gastar nuestro dinero en vez de ahorrarlo e invertirlo. Y como la mayoría de las personas fuimos "educados" así, pues por ende la mayoría de las personas en el mundo gastan todo su dinero y no saben administrarlo ni cuidarlo correctamente.

Entonces, ¿cómo ven el dinero las personas que si saben administrarlo y son ricas? Se basan en el tiempo. El tiempo es algo que no podemos recuperar ni con todo el dinero del mundo. No hay forma de comprar una hora adicional de vida. El tiempo es invaluable.

Antes de continuar hablando del dinero y el tiempo, es necesario incluir otro concepto, el propósito de vida, aquella actividad que con solo hacerla nos da la verdadera felicidad en este mundo, aquella actividad a través de la cual nos brindamos a los demás y nos llena de plenitud y felicidad.

Las culturas antiguas creían que cada uno de nosotros vino a este mundo a cumplir un propósito y parte del viaje de la vida era descubrir y vivir ese propósito. Obviamente no todas las personas lograban ese objetivo.

El propósito de vida es aquella actividad que te hace tan feliz hacerla, que la harías gratis, así no te pagaran ni un centavo, la harías con todo el gusto.

Si el propósito de vida, el brindarnos a los demás haciendo lo que nos llena de gozo, es la única forma de obtener la felicidad verdadera, la gran mayoría de los seres humanos no están ni cerca de ese camino. ¿Cuántas personas conoces que están realmente felices en sus empleos o trabajos, que pueden decir que vinieron a este mundo a sentarse en una oficina de 8am a 5pm?

No es fácil simplemente decir que te vas a dedicar a buscar y vivir tu propósito de vida cuando tienes cuentas por pagar, una familia que alimentar, una hipoteca que pagar, etc. El estilo de vida de la mayoría de las personas se convirtió en trabajar y trabajar para pagar deudas y mantener un estilo de vida basado en tener y tener más y más cosas.

La sociedad de consumo nos hizo desear querer todo ya, así no pudiéramos pagar por ello, entonces nos endeudamos porque no conocíamos otra forma de obtener las cosas que queríamos.

Luego nos atamos a trabajamos que no amamos solo por la necesidad de dinero para poder pagar las deudas y mantener ese estilo de vida consumista.

Y peor aún, luego esta sociedad de consumo nos metió en la cabeza que, si no somos felices con nuestra vida, la forma de ser feliz es teniendo más y más cosas. Cambiar el carro cada cierto tiempo, comprar ropa para usarla una vez y luego olvidarnos que existe, tener zapatos como si tuviéramos cien pies, salir a comer a restaurantes lujosos cada fin de semana y subir las fotos a redes sociales, etc. Nos enseñaron que de esa forma podríamos ser felices, que intercambiando nuestro dinero por cosas seriamos felices.

¿Y nos sentimos felices? Podrías decir que si cuando te compras un nuevo teléfono o cualquier antojo que querías el fin de semana, pero luego de unos 15 días la novedad pasa y te encuentras en el mismo sitio, haciendo aquella labor que no amas, solo por necesidad de dinero para pagar la deuda de ese antojo que te diste seguramente con la tarjeta de crédito a 36 cuotas.

¿Y que tiene que ver esto con el tiempo y el dinero? Pues bien, no es fácil simplemente dejar de recibir ingresos para ponerte a buscar y vivir tu propósito de vida. Tal vez estudiaste ingeniería y tu propósito de vida sea la música, pero en tu país te hicieron creer que los músicos se mueren de hambre porque no pueden conseguir un empleo tradicional en una gran empresa.

Aquí es donde el dinero juega un papel crucial porque las personas que lo saben administrar no lo ven como un medio de intercambio, sino como una representación de su tiempo de vida.

Piénsalo así. Si la actividad de la que provienen tus ingresos no es tu propositivo de vida, pero igual necesitas dinero, pues debes dedicar unas horas al día a ganar dinero. Pero también vinimos a este mundo a ser felices; ser feliz debería ser nuestra prioridad y para ser felices debemos vivir nuestro propósito de vida.

Entonces cada hora de tu tiempo que dedicas a esa actividad que no te hace feliz para ganar dinero, son horas en las que no vives tu propósito de vida y por lo tanto son horas en las que no eres realmente feliz.

Intercambiaste tu tiempo de vida por dinero. Si te pagan 20 dólares por hora y trabajas 8 horas al día, pues cambiaste 8 horas de tu vida por 160 dólares (para cada persona es diferente según lo que gane). Esos 160 dólares están representando 8 horas de tu tiempo de vida. Cambiaste tiempo de tu vida por esos dólares.

Y que hacen las personas que no tienen educación sobre el dinero, llega el fin de semana, con frustración acumulada de estar haciendo toda la semana una tarea que no aman y se gastan el dinero que ganaron en cosas en ni necesitan. Así nos influenció la sociedad de consumo, pensamos que comprando cosas vamos a poder disminuir la frustración que nos genera no estar viviendo nuestro propósito. ¿Pero cuantas personas conoces que sean conscientes de todo esto?

¿Alguna vez te pasó que tuviste una semana difícil en el trabajo, trabajaste 40 horas esa semana y apenas llegó el fin de semana saliste desesperado a gastar y comprarte algo costoso que te ayudara a liberar esa tensión de esa semana? Seguramente sí.

Lo que si es muy poco probable es que te pusieras a pensar que en una sola compra gastaste todo lo que ganaste esa semana. Y es todavía menos probable que pensaras que sacrificaste 40 horas de tu vida para comprar algo que en 15 días ya no te quistaba la frustración de tu vida.

La persona que si sabe administrar el dinero tiene una mirada diferente. Aquí aclaro que no estoy diciendo que solo los ricos puedan encontrar el propósito de vida. Muchos de ellos ni saben que es eso, ellos también son seres humanos como todos. Solo que, en una sociedad tan consumista y alejada de lo espiritual como la nuestra, el saber manejar el dinero les da cierta ventaja en ese aspecto.

La persona que sabe administrar el dinero ve el dinero como una representación del tiempo que tuvieron que invertir para ganar ese dinero y no solo como un medio de intercambio. Son conscientes de lo que sacrificaron por ese dinero. Eso les da un sentimiento de pertenencia más elevado hacia él, no lo quieren gastar tan a la ligera.

La definición de dinero como medio de intercambio nos invita a deshacernos de nuestro dinero cambiándolo por cosas. La definición de dinero como representación de nuestro tiempo de vida nos invita a cuidar nuestro dinero y a ser consciente en que lo gastemos en algo realmente necesario o en encontrar y vivir nuestro propósito de vida, es decir, que gastemos ese dinero, en ser felices.

¿Ves la diferencia tan grande? Y se produce por solo la definición que tenemos de dinero. Puede que la persona que sabe administrar el dinero no tenga ni idea de que es el propósito de vida, puede que esté tan alejado de lo espiritual como una persona que malgasta el dinero; pero la persona que cuida su dinero va a tener más tiempo libre para dedicarse a encontrar y vivir su propósito de vida porque en algún punto su dinero va a cubrir sus gastos y no va a tener necesidad de seguir intercambiando su tiempo de vida por dinero. A eso es a lo que se le llama Libertad financiera.

La Libertad Financiera se logra cuando ya no tienes que intercambiar tu tiempo de vida por dinero

El dinero no te va a comprar la felicidad. Ya vimos que la verdadera felicidad solo se alcanza al encontrar y vivir el propósito de vida. Pero entre más rápido aprendas y empieces a administrar mejor tu dinero, más rápido dejaras de intercambiar tu tiempo de vida por dinero y podrás dedicar más de ese tiempo libre a ser feliz.

Aclaro, no es el único camino para lograrlo, no es requisito ser rico para ser feliz, pero es una manera a través de la cual muchas personas lo han conseguido a pesar de vivir en una sociedad tan consumista y alejada de lo espiritual como la nuestra, sin necesidad de abandonar todo lo material y convertirte en un monje viviendo solitario en una montaña.

¿Crees que vale la pena intentarlo? ¿Crees que vale la pena trabajar por tu felicidad? Tal vez esta frase pueda ayudarte:

"Las personas están dispuestas a sacrificar 40 años de sus vidas en un trabajo que ni les gusta con tal de conseguir una pensión en su vejez. Pero no están dispuestas a invertir 4 años de sus vidas en construir un negocio propio que los podría hacer libres financieramente para que no tuvieran que trabajar más y dedicarse a lo que les gusta "

Obviamente es más fácil decirlo que hacerlo. La gran mayoría de nuevos negocios fracasan en su primer año de vida. Pero la frase lo que nos está invitando es a pensar si vamos a seguir jugando seguro toda la vida para ver si a nuestros 60 años por fin comenzamos a vivir, o si en el camino arriesgamos un poco, vivimos un poco la vida y quizás aprendamos y disfrutemos más así no alcancemos todos nuestros objetivos.

Recuerda que el gozo de este viaje llamado vida no está en llegar a la meta, sino en disfrutarse al máximo la vista que te ofrece este viaje.

Un poco sobre mi

Como habrás podido leer en la introducción, este no es un libro común sobre dinero. A pesar de que todos decimos querer dinero y consideramos que tener más dinero solucionaría muchos de nuestros problemas, solo muy pocos están dispuestos a atreverse a comprobar si eso es cierto.

Fue por allá a finales de 2017 cuando toqué fondo con un empleo que me hacía tremendamente infeliz. Yo era una persona común, tuve la fortuna de poner estudiar una carrera universitaria luego hice una maestría y diversos cursos extra, pero era tremendamente infeliz en mis empleos porque era muy poco tolerante a lo que consideraba injusto. Y vaya que en mis empleos si había injusticias.

Me tuve que aguantar muchos malos empleos solo por la necesidad de dinero.

Pero gracias a eso empecé como autodidacta a educarme financieramente y por cosas del destino terminé haciendo un curso de coaching apreciativo que me ayudó tanto como mi educación financiera. La introducción de este libro tiene mucho de eso.

Y gracias tanto a mi educación financiera como a mi educación en coaching apreciativo entendí porque las personas sufren tanto por dinero y porque parece que no hicieran nada para remediarlo. Yo fui una de esas personas. Yo alegaba todos los días por mi horrible empleo, pero el fin de semana gastaba todo mi dinero en cosas que no necesitaba, para el lunes seguir quejándome de mi vida.

No es que no queramos mejorar, es que muchas veces no sabemos por dónde empezar.

Yo mismo que me las daba de muy capaz y de muy inteligente y de muy importante por tener un título de maestría, no era capaz de ver la situación en la que me había metido yo solo y que en mi mismo estaba la clave para salir de ella. No era consciente.

Tuve que tocar fondo, tuve que enfermarme físicamente y casi mentalmente con aquella situación para decir ¡No más! Pero no era necesario llegar hasta esos extremos.

Por eso ahora que he cosechado varios frutos que sembré hace un tiempo, empecé a escribir este libro, para compartir con más personas mi experiencia y poder ayudarlas.

Mas allá de que puedas pensar que el dinero es bueno o malo, lo cierto es que hace parte de nuestras vidas, y aprender a administrarlo para no sufrir por él hace parte de ser responsables con nuestras propias vidas y en eso puedo ayudarte.

De que trata este libro

Este libro de basa en 5 pasos que debes seguir y aplicar a tus finanzas para vivir mucho de una manera mucho más tranquila y con menos preocupaciones sobre el dinero.

Primero. Descubrirás una forma sencilla pero muy efectiva de evaluar la salud actual de tus finanzas. No puedes cambiar nada si no eres consciente de tu situación actual.

Segundo. Asimilarás a crear tu propio presupuesto para que puedas ahorrar y llegues a fin de mes con dinero de sobra en tu cuenta bancaria.

Tercero. Te mostraré todo sobre el manejo de las deudas, las formas las óptimas de pagarlas para ahorrar mucho dinero y como priorizarlas para saber cuál debes pagar primero según tu caso. Al final podrás ser una persona libre de deudas.

Cuarto. Aprenderás como adentrarte en el mundo de los fondos de inversión para que hagas tus primeras inversiones de una forma más segura y le pierdas el miedo a este mundo.

Quinto. Te hablaré sobre el estilo de vida frugal que es la clave de todo y lo que en el tiempo te permitirá aprender a cuidar y administrar tu dinero.

Estos fueron los 5 pasos que yo apliqué y que aun aplico para manejar mis finanzas y me han dado unos resultados extraordinarios.

Hoy en día trabajo desde mi casa con un horario super flexible para una empresa extranjera, mi jefe es el jefe que siempre quise, gano en dólares lo que nunca gané en mis anteriores trabajos juntos y tengo varias fuentes de ingresos.

Pase de tener deudas por más de 50.000 dólares a 0 deuda y a tener varios activos. Me queda mucho tiempo libre para desarrollar proyectos propios como este libro, tengo más tiempo de calidad con mi esposa, me levanto todos los días agradecido por lo que hemos construido, pero sobre todo vivo con esperanza que nuestro futuro será mejor, eso último era lo que más me hacía falta, lo que probablemente a ti también te haga falta y quiero ayudarte a que obtengas esa esperanza.

No siendo más, solo me queda felicitarte por haber tomado la decisión de emprender viaje y agradecerte por haberme dado la confianza para mostrarte el camino. Espero que disfrutes y te goces el viaje.

Andres Felipe Velasco

Ordenatuvidahoy.com

Conceptos Básicos de Finanzas Personales

Aclarémoslos de una vez por todas

¿Alguna vez has soñado como seria no tener que trabajar y que el dinero apareciera simplemente en tu cuenta bancaria? Creo que todo el mundo lo ha pensado alguna vez.

Quisiéramos vivir esas vidas que vemos en la televisión teniendo mucho dinero, haciendo lo que nos guste y alejándonos de todos los problemas que nos implica la falta de dinero.

Ahora te pregunto, ¿Sabes cuánto dinero necesitas para hacer esos sueños realidad? Si tú me dices que sueñas con día en que ya no tengas que trabajar, para que eso suceda, ¿cuánto dinero debería llegar mensualmente a tu cuenta bancaria?

Aquí encontramos el primer problema que tenemos para alcanzar nuestros sueños. No sabemos qué tan lejos (o que tan cerca) están. Pasamos mucho tiempo soñando, pero siempre vemos nuestros sueños como algo imposible, que nunca lograremos, por eso nunca empezamos por lo más básico ¿Qué necesito y que puedo empezar a hacer desde ya para lograr mis sueños?

¿Sabes cuánto dinero gastas en el mes? ¿sabes cuánto dinero se te está escapando de las manos pagando deudas? ¿Al menos sabes cuánto dinero te ingresa al mes? Son algunas preguntas de las que creemos sabemos la respuesta, pero en realidad no tenemos ni idea.

Si ni siquiera sabes cuánto gastas y cuanta debes, como esperas algún día poder dejar de trabajar y que tu dinero trabaje por ti.

El problema está en que no somos específicos y claros con nuestro cerebro. Simplemente le decimos "Quiero ser rico" y nuestro cerebro ve esa afirmación como algo muy vago y por ende la interpreta como un deseo, un sueño que sería chévere alcanzar algún día, pero que no hay afán.

Diferente seria que dijeras, por ejemplo:

"Dentro de 3 años a partir de hoy, estoy ganando X cantidad de dinero mensual, no tengo ninguna deuda y ahorro más del 30% de mis ingresos para invertirlos, por lo que perfectamente puedo vivir con el 70% de mis ingresos. Mis inversiones me generan de forma pasiva el 50% de mis ingresos, por lo que estoy a mitad de camino de conseguir mi libertad financiera".

La afirmación anterior es muy diferente a solo "Quiero ser rico". Le hemos dado a nuestro cerebro unas cantidades, una fecha límite, unas metas claras (aumentar los ingresos, bajar gastos, cero deudas). Esto le deja claro a tu cerebro lo que quieres y con eso, seguramente será más fácil encontrar el cómo lograrlo. Ya no es un deseo, es una meta.

Sobre todo, cuando se tiene un salario fijo, es fácil no ver cuánto gastas al mes, cuanto pagas en deudas al mes, ni siquiera cuento ahorras. Crees llevas todo controlado en tu cabeza, cuando puede que no sea así. Sin embargo, nos relajamos porque sabemos que al siguiente mes llegará más dinero.

En el reto del día vamos a dar ese primer paso, el saber nuestros números, porque esa en la base para todo y con esa información podrás tomar las decisiones que tanto necesitas.

Será revelador como al sacar tus finanzas de tu cabeza y ponerlas en números y porcentajes, puedes caer en cuenta de muchas cosas. No te explicarás como antes no veías todo lo que ahora veras.

Algunos hasta nos asustamos la primera vez que hacemos este ejercicio, otros no pueden creer que gasten tanto o que gran parte de su dinero se esté yendo en pagar deudas. Pero todo esto es muy útil para saber qué medidas tomar.

Activos

Según Robert Kiyosaki y en verdad es la definición más simple y poderosa que hay, un activo es todo aquello que pone dinero en nuestro bolsillo.

Siempre nos han enseñado que los activos son nuestras posesiones: una casa, un apartamento, un carro, etc. Sin embargo, nunca nos enseñaron a ver cuánto dinero nos cuesta mantener esas posesiones.

Si tienes un carro de uso personal que vale X cantidad de dinero, pero mantenerlo (gastos del carro) te está costando tanto dinero que no te deja nada para ti, ¿será ese carro algo bueno para ti y tus finanzas?

¿Qué pasa si pones el carro a trabajar en alguna plataforma de transporte y el carro empieza a generarte ingresos mayores a sus gastos (reparaciones, gasolina, limpieza, repuestos, etc.)? ¿el carro sería algo bueno para tus finanzas?

El problema que tenemos la mayoría de las personas es que no nos detenemos a hacer buenas preguntas. En esta definición de Activo te he hecho algunas, pero hay muchas más.

Si nos quedamos pensando que todas nuestras posesiones son activos, nuestra mente usará eso como la excusa perfecta para gastar más: "Es que estoy adquiriendo activos"

Entonces yo te recomiendo que adoptes la definición de Kiyosaki, un activo es solo lo que pone dinero en tu bolsillo

Los pasivos

Contrario a los activos, un pasivo es todo aquello que saca dinero de nuestro bolsillo.

Ejemplo: Intenta clasificar cuáles de los siguientes son activos y cuáles pasivos.

Mi Casas

Mis hijos

Mis Mascotas

Mis Tarjeta de Crédito

Mi Carro

Mis ahorros

Mis Inversiones

Podríamos pensar que las casas, el carro, los ahorros y las inversiones son activos, mientras que los hijos, las mascotas y las tarjetas de crédito son pasivos. Sin embargo, y como muchas cosas en la vida, depende.

Si vamos a la definición de Kiyosaki, las casas, el carro y las inversiones serían Activos solo si ponen dinero en nuestro bolsillo en vez de sacarlo.

Si por ejemplo vives en una casa propia y no rentas ningún cuarto ni recibes ingresos de ningún tipo por ella, esa casa no pone dinero en tu bolsillo, por el contrario, te saca dinero cuando tienes que pagar impuestos por ella o cuando hay que hacerle alguna reparación.

La casa donde tú vives es un pasivo (así el banco diga lo contrario). En cambio, si tienes una casa y la rentas, los ingresos que recibes por el alquiler es dinero que si entra a tu bolsillo; en ese caso esa casa si es un activo.

Lo mismo aplica con el carro. Si es tu carro personal, ese carro solo saca dinero de tu bolsillo. Debes pagar gasolina, lavada, mantenimientos, etc. Por el contrario, si usas tu carro para trabajar en plataformas como Uber, generarían ingresos con él y si dichos ingresos superan los gastos, tu carro es un activo, pues pone dinero en tu bolsillo.

Las inversiones pueden parecer un activo con toda seguridad, pero si tus inversiones pierden dinero constantemente, te están sacando dinero de tu bolsillo y pueden convertirse en pasivos.

Los hijos y las mascotas son un pasivo, pero si tu hijo se vuelve la estrella de un comercial de juguetes y gana dinero como modelo pues la cosa cambia. Lo mismo si tu perro es un campeón que mantiene ganando competencias de canes y genera ingresos para tu bolsillo.

Yo sé que esto ya lo habías escuchado alguna vez, o ya lo sabias, pero siempre es bueno tenerlo muy claro antes de pasar a lo que veremos hoy.

Doodads

Para algunas personas es difícil de un momento a otro adaptarse a la idea de que su casa es un pasivo. Puesto que toda la vida le dijeron que era su activo más valioso.

Pero lo que realmente no quiere aceptar es que trabajó toda su vida para por fin tener su casa y ésta ahora resultó ser un pasivo. Los pasivos no son malos en sí, solo hay que entenderlos y saberlos manejar.

Para dejar un poco más claro el tema para todos Kiyosaki introdujo el concepto de doodads, que no son más que posesiones materiales en las que gastamos nuestro dinero y que son realmente responsabilidades.

Así podemos clasificar un poco mejor aquellas cosas que comúnmente se consideran ACTIVOS pero que en realidad son

PASIVOS como la casa donde vivimos o nuestro carro de uso personal.

La palabra no tiene una traducción clara al español, pero vendría siendo algo así como lujos. ¿Cuál es el consejo que nos da Padre Rico Padre Pobre? Comprar ACTIVOS antes que comprar DOODADS y antes de tener Deudas.

Así, en vez de comprar un apartamento propio con hipoteca a 20 años, podríamos comprar una casa antigua, remodelarla, hacer 4 aparta estudios, vivir en uno de ellos y alquilar los otros 3 para que, con las rentas, podamos pagar la hipoteca, y gastos de la casa.

De esa forma adquiriríamos un Activo (la casa que genera rentas) y no un doodad (el apartamento donde viviría yo y que no pondría dinero en mi bolsillo.

Lo anterior suena muy bien, PEROOOOOOOOOOOOOO, no es fácil de implementar en Latinoamérica, porque aquí los intereses de los créditos hipotecarios son muy altos y no puedes hacer todo lo que dice Kiyosaki tan fácil como él lo plantea.

Mi interés era darte el concepto, porque cuando conoces el concepto podrás encontrar maneras creativas de aplicarlo sin importar la situación de tu país.

Las Deudas

Viene del latín "dehibere" que se traduce como "Tener sin tener". Existen 2 tipos de deuda:

Deuda mala: La que todos conocemos y la única que nos enseñaron. Son dineros que se piden prestados para ser utilizados en gastos como vacaciones, ropa, comida, electrónica, etc. Ejemplo: Quiero ya un TV de 80 pulgadas que está supuestamente en promoción solo por hoy y como no tengo el dinero, lo compro con mi tarjeta de crédito a 36 cuotas (Tener sin tener)

Deuda buena: La que nunca nos enseñaron. Son dineros que se piden prestados para invertir. Si las ganancias de la inversión superan la cuota de la deuda, entonces es una deuda buena. Por ejemplo, pido una hipoteca al banco para comprar un apartamento que voy a rentar. Si la renta del apartamento cubre la hipoteca y gastos y me deja algo de dinero para mí, es una deuda buena.

El objetivo es tener cero deudas malas y si tener deudas buenas que nos permitan adquirir activos que metan dinero a nuestro bolsillo. Tal como acabas de leer, CERO deudas malas. Si ya lo cumpliste, felicitaciones de verdad, tu objetivo ahora es no volver a caer en ellas.

Si tienes deudas en este momento, ¿Sabes todo lo que debes? Más importante aún, ¿Sabes cuánto terminarás pagando en total (saldo más intereses) por todas tus deudas? Puede que incluso termines pagando el doble o el triple de lo que prestaste inicialmente y no te has dado cuenta.

Los Ingresos Pasivos

Cuando somos empleados y trabajamos para alguien más, estamos intercambiando nuestro tiempo por un salario. Ese tiempo en el que podrías estar haciendo cualquier otra cosa que te guste más o que te haga feliz, lo vendes a cambio de dinero. Esos son los ingresos activos, vendes tu tiempo por esos ingresos.

Los ingresos pasivos son dineros que ingresan a tu bolsillo sin que tu tengas que mover un dedo para ganarlos. Es decir, es dinero que ganas sin tener que vender tu tiempo por ellos.

El ejemplo más común es cuando tienes una casa en alquiler. La persona que habita la casa mes a mes te paga un dinero sin que tú hayas tenido que trabajar (intercambiar tu tiempo) por él. Pudiste pasar todo el mes sentado en el sofá viendo series que igual ese dinero llega a tu bolsillo. Existen otros ejemplos como tener dinero en un fondo de inversión que mes a mes genera una rentabilidad sin que tu muevas un dedo. O prestar dinero a personas o empresas y recibir intereses periódicamente por ese dinero.

El secreto para dejar de ser pobre está en los ingresos pasivos. Pues son aquellos que meten dinero a tu bolsillo sin que tu tengas que **vender tu tiempo**.

Libertad Financiera

La libertad financiera sucede cuando tus ingresos pasivos igualan o superan tus gastos.

Es decir, que el dinero que entra a tu bolsillo y por el cual literalmente no tuviste que mover un dedo para ganarlo, te alcanza para cubrir todos tus gastos y obligaciones.

Ya no tienes que volver a intercambiar tu tiempo por dinero y puedes dedicarte a hacer lo que te gusta, lo que te hace feliz, crecer como persona, con la tranquilidad que todas tus obligaciones están cubiertas por tus ingresos pasivos.

¿La libertad financiera te suena algo imposible o una fantasía irreal o lejana para ti? Si tu respuesta es sí, ¿sabes por qué te parece tan inalcanzable? Sencillo, si no puedes responder concretamente a alguna de las siguientes preguntas, allí está el por qué la libertad financiera se te hace tan inalcanzable:

- ¿Sabes cuánto dinero ganas al mes?
- ¿Sabes cuánto dinero gastas o necesitas al mes para cubrir tus obligaciones?

- ¿Sabes cuánto dinero ahorras en el mes?

Generalmente la segunda pregunta es la más compleja de responder para la mayoría, pero hay personas que no pueden responder ninguna de las tres.

Como no vas a ver la libertad financiera como algo inalcanzable si ni siquiera sabes cuánto dinero necesitas para cubrir tus obligaciones y tus gastos al mes. Peor aún, si no sabes cuánto ganas ni cuánto ahorras.

Recuerda que la libertad financiera se logra cuando nuestros ingresos pasivos igualan o superan nuestros gastos y obligaciones. Si ni siquiera sabes a cuánto equivalen tus gastos y obligaciones pues no tienes la meta a la que tienen que llegar tus ingresos pasivos. Y sin una meta tu cerebro no es capaz de enfocar esfuerzos, se dispersa. Sin una meta todo queda como un deseo para algún día, día que nunca llegará.

Muy diferente será cuando digas, yo necesito $1.000 dólares mensuales para cubrir mis gastos y obligaciones. Es decir que para lograr tu libertad financiera necesitas ingresos pasivos iguales o mayores a $1.000 dólares. ¡Ya tienes una meta! ya tienes el destino, el norte, la luz hacia donde tienes que ir. Y aunque tener la meta no te hace libre financieramente, sí le da enfoque a tu mente.

1. Tu Primer Diagnostico Financiero

Evalúa la Salud de tus Finanzas

La Fórmula de la Inteligencia Financiera

Es realmente simple. **Tus ingresos deben ser mayores a tus egresos**.

Por más lógico que parezca, hay personas cuyos ingresos no les alcanza para cubrir sus gastos y obligaciones. Deben pedir prestado mes a mes o usar la tarjeta de crédito para poder pagar. Y esto es un ciclo que te va hundiendo cada vez más en la pobreza.

Si no sabes cuánto dinero necesitas al mes para cubrir tus obligaciones y gastos, ¿cómo puedes asegurar que estás cumpliendo la fórmula de la inteligencia financiera mes a mes?

Es muy importante que empieces a medir tus finanzas. **Lo que no se mide no se controla** dice un principio básico del mejoramiento continuo.

Las preguntas clave que debes hacerte respecto a la fórmula de la inteligencia financiera son:

- ¿Sabes exactamente cuánto dinero te ingresa en el mes?
- ¿Conoces los conceptos por los que te ingresa ese dinero?
- ¿Sabes exactamente cuánto dinero gastas en el mes?
- ¿Conoces los conceptos en los que gastas ese dinero?

Mientras no lleves un registro de todo el dinero que recibes y todo el dinero que gastas, va a ser muy difícil responder a estas preguntas. Y sin responder a estas preguntas, nunca tendrás claro cuanto realmente necesitas para poder ser financieramente libre.

No sé si ya te diste cuenta, (si no, no te preocupes, casi nadie se da cuenta) que hay 2 caminos para cumplir esta fórmula. El que todo el mundo ve, que es aumentar los ingresos, pero que a la vez lo ven como el más difícil: *"Andres, yo no sé cómo hacer más dinero, yo no soy un inversor"*. Ok te entiendo y por eso eres muy valiente al decidir aprender y por eso estas aquí.

Pero también hay otra forma de cumplir la fórmula que si está mucho más a tu alcance ahora mismo y es **reduciendo tus gastos**. Si reduces tus gastos es más fácil que tus ingresos actuales los cubran y hasta te sobre para ahorrar. Sin ser un inversor, sin conseguir otro empleo, sin meterte en pirámides fraudulenta. **Reduce tus gastos**

La Regla 10-20-70

Esta regla está en el libro "El hombre más Rico de Babilonia" el cual es un super recomendado para que leas.

Esta regla plantea lo siguiente:

- El 10% de tus ingresos es para pagarte primero a ti mismo antes que a nadie, es decir apenas recibas tus ingresos, deberás separar el 10% de ellos e inicialmente ahorrarlos.

- El 20% de tus ingresos debe ser destinado a pagar deudas.

- Finalmente debes lograr vivir con el 70% de tus ingresos, es decir será lo destinado a tus gastos y sostenimiento de tu estilo de vida.

Cuando te adentres mucho más en las finanzas personales y aumentes tu inteligencia financiera descubrirás que no todo es tan rígido, que no hay una sola regla que funcione para todo el mundo, que todo esto es un proceso que debes interiorizar y adaptar acorde a tu vida y a tus situaciones.

Sin embargo, para iniciar, la regla 10-20-70 es bastante reveladora y a la vez sencilla. Nos brinda un marco de comparación para saber por dónde podemos empezar a corregir fallas.

Esta regla nos dice:

- Debes ahorrar mínimo el 10% de tus ingresos. Este dinero no se gasta. Su único destino es invertirlo para generar más dinero.

- Si tu deuda mala está en menos del 10% de tus ingresos, estás bien. Si está entre el 10% y el 30% cuidado y si es superior al 30% de tus ingresos, ya es una alerta roja.

- Si tu deuda es inferior al 20% de tus ingresos, el restante lo abonas al capital de tus deudas para pagarlas más rápido. De esta manera, una vez que no tengas deudas, te debes pagar a ti mismo el 30% de tus ingresos y ya no solo el 10%.

- Si tus deudas son muy grandes, antes de dejar de pagarte a ti mismo el 10% de tus ingresos, debes tratar de modificar tu estilo de vida y vivir con menos del 70% de tus ingresos para así poder abonar y terminar más rápido con tus deudas.

Con los conceptos básicos del capítulo anterior y estos nuevos es que trabajaremos a partir de ahora. Si ya los conocías, genial, si no, era necesario que los aprendieras. Es un conocimiento que todo el mundo debería de saber, pero en las escuelas no lo enseñan lastimosamente.

Tus finanzas pueden ser en este momento como un grifo intentando llenar con agua un balde roto. El agua que sale del grifo son tus ingresos, el balde representa tu bolsillo, mientras que el agua que se filtra del balde son tus gastos y deudas.

Si por alguna razón has podido vivir sin control de tus finanzas, probablemente es porque el agua que ingresa al balde es igual o mayor que el agua que se sale. Sin embargo, qué pasaría si te cerraran el grifo (te despidieran hoy de tu empleo o renunciaras a él). ¿Por cuánto tiempo habría agua en el balde? ¿No te parece demasiado riesgo?

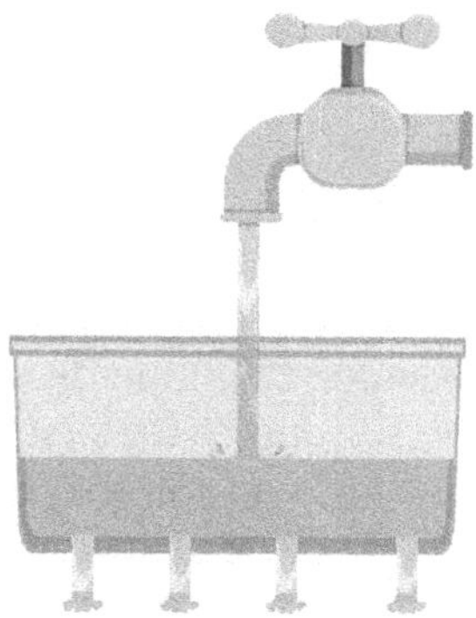

Qué tal si te dijera que con la inteligencia financiera y apersonándote de tus finanzas, no solo tendrás un único grifo llenando tu balde, sino múltiples grifos y que, si se cierra uno, no pasa nada.

Además, tendrás muchas menos fugas. ¿Cómo te sentirías con el agua rebosando tu balde, con dinero que ya no cabe en tu bolsillo?

Es una imagen por la que vale la pena el intento ¿no? Y lo mejor de todo, está al alcance de cualquier persona, porque el controlar nuestros gastos no depende sino de nosotros mismos, no necesitamos ganar más dinero para controlarlos, ni hacer inversiones, está a nuestro alcance y en nuestras manos hacerlo hoy.

Primer Diagnostico Financiero

Empecemos a hacer un diagnóstico de nuestras finanzas personales tomando como marco de referencia la regla 10-20-70. El objetivo es que veas que tan bien o mal están tus finanzas en este momento, sobre todo en el tema de deuda.

Qué necesitaremos para empezar:

- Boletas de pago recientes para saber cuánto dinero cobras por tu(s) empleo(s).
- Extractos bancarios de tus deudas para conocer la cuota mensual que pagas por cada una de ellas.
- Un aproximado de tus gastos de sostenimiento de tu estilo de vida, servicios, etc. No tiene que ser exacto en este momento. Solo intenta recordar un poco.
- Determinar si vas a hacer el ejercicio solo con tu dinero o deseas incluir a tu pareja o familia.

1. Determina tus ingresos mensuales.

- Todo el dinero que recibes de todas las fuentes
- Si son ingresos familiares, sumarlos todos. Es decir, los ingresos tuyos y de tu pareja.
- Si los ingresos son variables, haz un promedio mensual

¿Cuánto suman tus ingresos mensuales?
$______________________

2. Determina tus pagos a deudas mensuales

- La suma de todos los cobros mensuales de deudas que tienen
- Incluye en este punto solo deudas (Pagos periódicos) como hipotecas, préstamo de vehículo, cuotas de las tarjetas de crédito, etc.
- No incluyas aquí los gastos (pago de servicios públicos, alimentación, etc.)

¿Cuánto suman tus pagos a deudas al mes?
$______________________

3. Determina tus Gastos mensuales

- La suma de todos los gastos
- Si no sabes la cifra exacta, coloque el valor más aproximado que consideres
- No incluyas los pagos de deudas, solo gastos como pago de servicios públicos, alimentación, transporte, entretenimiento, servicios de streaming (Netflix, HBO, etc.), gym, spa, salidas a cenar, idas a cine, etc.

¿Cuánto suman tus gastos al mes?
$______________________

4. Determina tu Ahorro mensuales

¿Cuánto dinero ahorras al mes?
$______________________

5. Resta a tus ingresos los pagos a deudas y los gastos

Ejemplo:

Total Ingresos Mensuales	$	1,000
Total Pagos de Deudas	$	450
Total Gastos Mensuales	$	500
Ingresos - Gastos - Deudas	**$**	**50**

¿Te dio la resta al menos un valor positivo o cero? Eso significa que tus ingresos te están alcanzando para vivir. Si por el contrario te dio un valor negativo, significa que tus ingresos no te están alcanzado para vivir el mes y por ende estas pidiendo prestado de alguna parte para poder cubrir tus pagos a deudas y gastos.

6. Determina tu dinero disponible después de Ahorros

A la cifra del punto anterior, restarle tus ahorros para obtener el dinero que te queda disponible. Realmente no deberías tener dinero disponible, si te está sobrando dinero deberías ahorrarlo. Tu dinero disponible debe ser cero. Si lo dejas sin ningún fin, seguramente lo terminaras gastando, es decir, se sumará a tus gastos.

Dinero ahorrado en el mes	$	50
Dinero Disponible al Mes	$	-

7. Determina los porcentajes de tus finanzas

Tomando todos tus ingresos como el 100%, debemos calcular ahora que porcentaje de tus ingresos los toman tus pagos a deudas, que porcentaje están tomando tus gastos y sostenimiento y qué porcentaje ahorras. Divide cada cifra entre tus ingresos

Total Ingresos Mensuales	$	1,000	100.0%
Total Pagos de Deudas	$	450	45.0%
Total Gastos Mensuales	$	500	50.0%
Ingresos - Gastos - Deudas	$	50	

Dinero ahorrado en el mes	$	50	5.0%
Dinero Disponible al Mes	$	-	

8. Compara tus porcentajes contra la Regla 10-20-70

Tu Distribución Hoy

Ingresos	Ahorro	Pagos de Deudas	Gastos para vivir
100.00%	5.00%	45.00%	50.00%
$ 1,000	$ 50	$ 450	$ 500

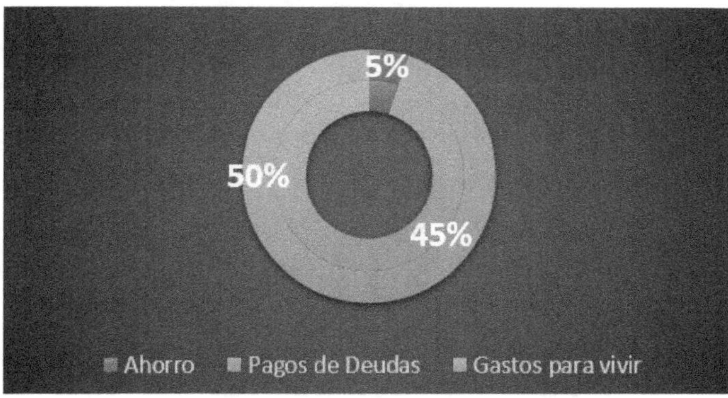

Una vez tengas los porcentajes de cada una de tus cifras, debemos compararlos contra la regla 10-20-70. En el ejemplo que hemos desarrollado, tenemos lo siguiente:

- El ahorro, que según la regla 10-20-70 debería ser mínimo del 10%, solo llega al 5%. Allí ya tenemos una alerta

- Los pagos a deuda, que deberían ser hasta el 20% de los ingresos, están en 45%. Cómo superan el 20% de los ingresos, significa que estamos bastante mal en este punto. Casi la mitad de nuestros ingresos se están destinando a pagar deudas.

- Los gastos y sostenimiento de nuestro estilo de vida, que deberían estar por debajo del 70% de los ingresos, sólo representan el 60%, ok. Aparentemente estamos bien en este punto, pero estamos viviendo con menos del 70% de nuestros ingresos no por nuestra buena gestión sino porque tenemos tanta deuda que tuvimos que desmejorar nuestro estilo de vida para poder pagarla.

9. **Simula la Regla 10-20-70 con tus ingresos y de acuerdo con los porcentajes de la regla, obtener los valores objetivo que deberías manejar.**

Lo que haremos aquí es que a partir de tus ingresos y de los porcentajes de la regla 10-20-70 determinar cuánto debería ser tu ahorro, tus pagos de deuda y tus gastos.

- Siguiendo el ejemplo, si tus ingresos son $1.000, multiplícalos por el 10% para saber cuánto es lo mínimo que debes ahorrar. En este caso $100

- Lo máximo que puedes destinar a pagos de deuda si tus ingresos son $1.000, serian $200 (1000*20% = 200)

- Lo máximo que puedes destinar a gastos si tus ingresos son $1.000, serian $700 (1000*70% = 700)

Regla 10-20-70

Ingresos	Ahorro	Pagos de Deudas	Gastos para vivir
100.00%	10.00%	20.00%	70.00%
$ 1,000	$ 100	$ 200	$ 700

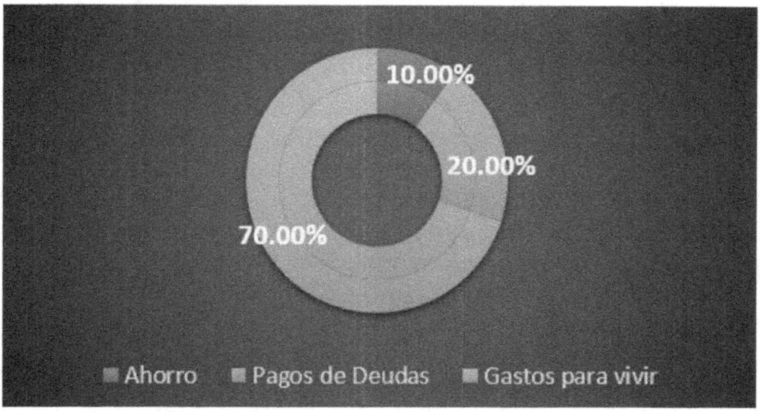

10. Contrasta las cifras de tu diagnóstico contra las cifras simuladas con la Regla 10-2070 y sacar conclusiones

Se trata de comparar los valores obtenidos en los puntos 8 y 9 del ejercicio para sacar conclusiones. Sigamos con nuestro ejemplo:

- En el tema del ahorro, solo estamos ahorrando $50 (5%) cuando deberíamos estar ahorrando $100 (10%). Debemos reducir los pagos a deudas o los gastos con el fin de cumplir la meta de ahorro

- En los pagos de deuda, estamos destinando $450 (45%) cuando solo deberíamos estar destinando $200 (20%). Debemos buscar la manera de renegociar nuestras deudas o disminuir gastos para abonar más a capital y así disminuir esta cifra. (Veremos más adelante como se hace).

- Finalmente, con los gastos, estamos destinando $500 (50%) y estamos por debajo del límite de $700 (70%). Aquí estamos bien aparentemente. Sin embargo, esto no es debido a que no gastemos mucho, sino que no podemos gastar más porque estamos muy endeudados.

Palabras Finales del Paso 1

Una vez hayas realizado este ejercicio ¿Cómo te fue con tu primer diagnóstico financiero? ¿Están tus finanzas mejor de lo esperado o peor de lo esperado? Cualquiera que sea el caso, esto es solo un primer diagnóstico y te aseguro que por más que hayas hecho memoria, muy seguramente no alcanzaste a contemplar todos tus gastos, sobre todo porque aún no eres consciente de ellos. Créeme que muchos se te han escapado si no tienes el hábito de registrarlos en alguna parte.

En mi primer diagnóstico aparentemente mi salario alcanzaba para cubrir pagos de deudas y gastos, pero luego me di cuenta de que dependía mucho de las tarjetas de crédito para poder costear mis gastos; es decir, realmente mi salario no me estaba alcanzando. Es muy importante que hagas diagnósticos de tus finanzas periódicamente. Recuerda, lo que no se mide no se controla, y

Si tu no controlas tu dinero, la falta de él te controlará a ti.

2. Crea Tu Propio Presupuesto

Registra todos tus Movimientos de Dinero

¿Alguna vez, en algún momento, has dicho "es que no tengo dinero" o "no me alcanza el dinero"? Como todos, seguramente sí.

Trabajamos duro, hacemos un gran esfuerzo y, sin embargo, no podemos comprar todo lo que quisiéramos ni darnos todos los gustos que deseamos en el momento que los queremos.

Este es un punto vital, porque de aquí salen 2 tipos de personas:

Las primeras, son aquellas que asumen el papel de víctimas. Estas personas simplemente lamentan el no poderse dar los gustos que quieren para ellos y sus familias y se dedican a buscar culpables para su situación: El gobierno, la economía, los ricos, falta de oportunidades, etc.

Y muchas tienen razón. No es lo mismo vivir en un país sin corrupción donde hay oportunidades para prosperar que en un país gobernado por políticos que solo buscan su propio beneficio y afectan la economía a través de la corrupción.

Sin embargo, estas personas víctimas, tienen en común que nunca se hacen estas preguntas: "¿Qué puedo hacer yo con lo que tengo y dispongo ahora?". ¿Por qué no me está alcanzando el dinero?

Es más sencillo culpar a otros y pasar mucho tiempo viendo series y televisión o cualquier otra actividad de ocio, que cuestionarnos a nosotros mismos si tenemos algo de culpa en el hecho que el dinero no nos esté alcanzado.

El papel de la víctima es totalmente desempoderado. Como lo que me está pasando es culpa de otros, yo no tengo el poder para cambiar nada, entonces solo puedo quejarme y tratar de olvidar mis problemas (cosa que nunca logran) con actividades de ocio. "Yo no puedo cambiar las cosas" es lo que se dicen.

El segundo tipo de personas ven que el dinero no les está alcanzando y hacen preguntas. No nacieron con una inteligencia superior, ni ya son ricos, ni bendecidos por Dios, ni nada. Solo tienen una perspectiva diferente de ver las cosas y hacen preguntas.

Estas personas se preguntan "¿Por qué no me está alcanzando el dinero?" y sobre todo "¿Qué puedo hacer yo para mejorar esta situación?"

Cuando haces preguntas de este tipo, su mente se activa, responde. Empieza a analizar efectivamente por qué no te está alcanzando el dinero. Esto lleva a un cuestionamiento, a ya no mirar hacia fuera buscando culpables, sino mirar hacia dentro de ti y a hacer más preguntas:

- "¿Será que yo tengo algo de responsabilidad en que no me alcance el dinero?"
- "¿Será que estoy haciendo algo mal y debo mejorarlo?"
- "¿Qué pasaría si yo ahorrara un % de mis ingresos?
- "Que pasaría dejo en gastar por 1 mes en esto o aquello?"

Al hacernos estos cuestionamientos al interior de nosotros mismos, sin distraernos pensando que la culpa es de la economía o del gobierno, nos estamos empoderando.

Nos hemos dado el permiso de cuestionarnos a nosotros mismos en pro de una mejora. Nosotros si tenemos el poder de cambiar algo dentro de nosotros.

Entonces este segundo tipo de personas, al hacerse preguntas a ellos mismos, encuentran unas primeras respuestas, que los llevan a tomar unas primeras decisiones y posteriormente a mejorar su situación paso a paso, repitiendo el proceso hasta que logran grandes cambios.

Vamos a descubrir una herramienta que responderá por qué no te está alcanzando el dinero, y si es que te alcanza, como puedes hacer que te sobre más dinero. Esto será un autodescubrimiento no solo de tus finanzas personales, sino de tus comportamientos y creencias como persona.

Espero que disfrutes mucho el proceso y estoy seguro de que al final descubrirás muchísimas cosas que puedes mejorar en pro de tus finanzas personales y por ende de tu crecimiento personal.

Por Qué llevar un Registro

Si te preguntas por qué debes tomarte la molestia de empezar a llevar un registro de tus movimientos financieros, te lo respondo con una pregunta:

¿Cómo te ha ido hasta ahora sin llevar el registro?

Puede que me digas, "No Andres, a mí me ha ido bastante bien, el dinero me alcanza para cubrir mis gastos" o puede que me digas "la verdad Andres, no me está alcanzando el dinero y estoy teniendo problemas".

Para la primera respuesta, si el dinero si te alcanza, pero estas leyendo este libro, es porque quieres algo más para lo que no te alcanza tu dinero en este momento o buscas tu libertad financiera o tienes algún sueño por cumplir. Entonces si aún te falta eso que quieres, es porque con lo que has hecho hasta el momento, no es suficiente y necesitas un cambio.

Para la segunda respuesta, te digo lo mismo. Si con lo que haces hasta ahora, no te alcanza tu dinero, es momento de hacer algo diferente, cambiar algunas cosas para empezar a producir resultados diferentes.

Ventajas de llevar un Registro de tus movimientos financieros

Básicamente todo parte de esta frase:

"Lo que no se mide, No se controla. Si tu no controlas tu dinero, la falta de éste te controlará a ti"

Muchas veces creemos que, llevando cuentas en nuestra cabeza, llevamos el control de las cosas. Sin embargo, esto no es cierto.

Si yo te pregunto cuanto gastaste en mercado el mes pasado, seguramente no tendrás una cifra muy exacta, sino la que crees que gastaste. ¿Y si te pregunto qué cuanto gastaste en mercado desde 6 meses atrás hasta hoy? Es muy difícil responder si no llevas un registro de todos tus gastos en mercado.

La primera razón para llevar un registro de nuestras finanzas es para **tener visibilidad** de estas.

Esta visibilidad lo que nos va a permitir es encontrar fortalezas y debilidades en nuestros comportamientos financieros. Entonces podremos ver ahora si cosas que antes pasábamos por alto.

Por ejemplo, podrías ver que pagas una gran cantidad de dinero en varios servicios online que usas muy poco. Supón que pagamos lo siguiente al mes:

- Netflix - 15 dólares
- Prime video - 5 dólares
- Disney+ - 10 dólares
- HBO - 10 dólares
- Spotify - 5 dólares
- Apple TV - 5 dólares

TOTAL MES - 50 dólares

En pesos colombianos eso serian uno 200.000 pesos a un cambio de 4.000 pesos por dólar, que equivalen aproximadamente al 20% de un salario mínimo en Colombia.

¿Habías visto de esta manera alguna vez estos gastos? Cierto que no. Como son pagos mensuales y se descuentan automáticamente de nuestra tarjeta de crédito, nuestra mente no se preocupa por ellos, los saca de su radar, apoyándose en la idea de que el próximo mes ingresará más dinero.

Peor aún, imagina que esta pagamos todo eso en estas plataformas pero que ni siquiera las usamos. Miramos estadísticas de uso y de lunes a viernes ni entramos a ellas porque llegamos muy cansados de trabajar y el fin de semana solo usamos Netflix para ver la serie favorita y muy de vez en cuando HBO para alguna película.

Tú me puedes decir que el dinero es para disfrutarlo y está bien. Pero ¿te parece bien botarlo a la basura pagando productos y servicios que nunca usas, cuando tienes deudas por pagar o sueños que quieres cumplir? Por poco o mucho dinero que tengas, lo anterior nunca será inteligente.

Y aquí es donde viene el siguiente beneficio de llevar un registro de tus finanzas. Al tener la visibilidad y trazabilidad de hacia dónde se mueve tu dinero, empiezas a **detectar fallas en tus comportamientos de manejo del dinero.**

Al ver estas fallas, que antes, por llevar todo en tu cabeza no veías, te asustas un poco. "¿Cómo es posible que yo esté gastando tanto dinero en esto?". Empiezas a hacerte preguntas y a cuestionarte a ti mismo.

Ya no es culpa del gobierno, de tu jefe, de la economía, ni de nadie de afuera que tu pagues tanto dinero en cosas que casi no usas. Ya es una responsabilidad (que ahora que vez la realidad) asumes como propia. Entonces viene el siguiente beneficio de llevar un registro: **Te empoderas y te apersonas de tus finanzas personales.**

Este nuevo empoderamiento es tan autentico, que vas a querer solucionar el problema. Es que tu mente no puede creer la ineludible verdad al ver en cifras concretas, como se desperdicia tu dinero.

Una cosa es gastar dinero en cosas que disfrutas, en tus hobbies, en tu familia, en pasear, en lo que sea que te guste. Eso está bien y el dinero también sirve para eso. Pero otra muy distinta es tener falta de dinero y estarlo botando en cosas que nunca usas.

Entonces aparece el siguiente beneficio de llevar un registro: **Empiezas a tomar decisiones sobre tu dinero.**

Continuando con el ejemplo, podemos pensar en recortar los servicios de video que menos usamos y dejar solo algunos. Sacamos estadísticas de uso y decidimos quedarnos con Netflix para series y HBO para películas. Solo con esta decisión ya hemos reducido este gasto a la mitad, un 50% de ahorro.

Incluso si fueras más radical podrías quedarte solo con Netflix y bajar el gasto total de 50 dólares al mes a solo 15 dólares al mes e igual seguir disfrutando de tus series favoritas y algunas películas.

Y con los 35 dólares que te ahorrarías, pues tomar otras decisiones. Si te están estresando mucho las deudas, pues abonar ese dinero a capital a esas deudas para saldarlas más rápido y pagar menos intereses. Si tienes un viaje que quieres hacer, pues podrías irlos ahorrando hasta completar cierta cantidad y hacer tu viaje.

Como ves, no te hablo de volverte tacaño ni de privarte de tus gustos por llevar un registro de tus finanzas, NO. Y aquí sale un beneficio más de llevar un registro de tus finanzas, te hablo de empezar a **darle un mejor uso a tu dinero**, de dejar de botarlo a la basura y empezarlo a invertir en ti, en tu tranquilidad, felicidad y futuro.

Al final, lo que va a pasar es que al poner en marcha las decisiones que tomaste, y aplicar los correctivos necesarios, podrás **ordenar tus gastos** y por ende **ordenaras una parte de tus finanzas personales**.

Como ves, son muchos los beneficios de llevar un registro del movimiento de tu dinero. Solo te nombré algunos, pero hay varios más que luego descubrirás por ti mismo.

Estructura de tu Presupuesto

Un error que cometemos cuando queremos empezar a llevar un registro de nuestras finanzas ya sea en un cuaderno, hoja de cálculo o app, es no tener clara la estructura de nuestras propias finanzas personales.

Generalmente encontramos alguna plantilla prediseñada para llevar el registro o la aplicación nos propone algunas categorías o conceptos de gastos prediseñados e intentamos adaptarnos a esas estructuras.

El problema es que esas estructuras están diseñadas para intentar funcionar con cualquier tipo de personas (las que tienen hijos y las que no, las que viven en familia y los que viven solos, las que tienen casa propia y las que pagan arriendo, etc.).

Entonces algunas por tratar de abarcar mucho, se vuelven confusas para quienes apenas inician en el proceso, los abruman y por eso renuncian.

Imagina que tienes más de 50 categorías de gastos y muchas de ellas se parecen: Salidas a comer, salidas a cenar, salidas a almorzar, comida a domicilio, comidas, otras comidas, gastos de alimentación.

Para quien hizo la plantilla o la app, todas tienen un sentido y razón de ser, pero para ti que apenas inicias solo te complican más el proceso.

Por ejemplo, en el mes que iniciaste a registrar, anotaste una salida a comer en la categoría "salidas a cenar". Luego un par de meses después saliste a comer otra vez y ya no recuerdas si debes anotarlo en "salidas a cenar" o en "comidas" o en "gastos de alimentación" o en "otras comidas".

Todo se te empieza a descontrolar, te abrumas porque piensas que lo estás haciendo todo mal y desistes de seguir llevando un registro porque lo asocias como una tarea que te causa más dolor (angustia, estrés, enojo, sentirte mal) que placer.

A mí me pasó en mi primer intento y por eso sé de qué te hablo y no quiero que pases por lo mismo; por el contrario, quiero que vayas más rápido, y logres los resultados más rápido para que empieces a disfrutar los beneficios.

¿Qué debemos hacer entonces, inventar nuestra propia plantilla?, ¡¡¡SI!!! Precisamente eso. Pero no es lo que crees.

Una plantilla propia te apersona, te apropia a un más de tus finanzas personales. Pero no significa que ahora debas crear tu propia app o tu propia macro de Excel apenas iniciando, no, significa que crees la estructura propia de tus finanzas en vez de intentar adaptarlas a la estructura de otra persona.

Como crear la estructura de tus finanzas

1. <u>Lista todos los lugares donde tienes o tendrás dinero</u>

   Haz un poco de memoria y obtén un listado de todos los lugares donde manejas tu dinero:

   - Cuentas bancarias
   - Billetera
   - Bajo el colchón
   - Alcancías
   - Fondos de inversión
   - CDTs
   - Prestamos
   - Tarjetas de crédito
   - Billeteras de Criptomonedas
   - etc.

A estos lugares donde manejas dinero, los llamaremos **CUENTAS.**

Cuenta
Bancolombia Andres
Bancolombia Adriana
Davivienda Adriana
Bolsillo Bancolombia Andres
Bolsillo Bancolombia Adriana
Bolsillo Davivienda Adriana
Alcancia
TC Visa Bancolombia Andres
TC Amex Bancolombia Andres
TC Visa ScotiaBank Adriana
Efectivo Andres
Efectivo Adriana
Bajo el Colchon

2. Agrupa tus cuentas

Vamos a agrupar cuentas similares por tipos de cuenta. Por ejemplo, podrías tener el tipo de cuenta "Cuentas Bancarias" y allí agruparías todas las cuentas de ahorros y corrientes que desees manejar.

Otro ejemplo sería tener un tipo de cuenta "AHORRO" para agrupar todas las cuentas donde tu ahorras dinero mensualmente, como las alcancías, bolsillos, etc.

Cuentas	
Tipo de Cuenta	Cuenta
Cuenta Bancaria	Bancolombia Andres
	Bancolombia Adriana
	Davivienda Adriana
Ahorro	Bolsillo Bancolombia Andres
	Bolsillo Bancolombia Adriana
	Bolsillo Davivienda Adriana
	Alcancia
Tarjeta de Credito	TC Visa Bancolombia Andres
	TC Amex Bancolombia Andres
	TC Visa ScotiaBank Adriana
Efectivo	Efectivo Andres
	Efectivo Adriana
	Bajo el Colchon
Inversiones	Fondo Inversion Andres
	Fondo Inversion Adriana
	Prestamo a Empresa
	Cryptomonedas
Activos	Apartamento
	Carro

3. Define tus Categorías de Ingresos

Debemos listar en este punto, todas nuestras fuentes de ingresos, como pueden ser salarios, ventas, asesorías, dividendos, regalos, etc.

Ingresos
Salarios
Ingresos Negocio Propio
Ventas Personales
Asesorias
Regalos y Donaciones
Alquileres
Intereses y Dividendos

No hay categorías de ingresos buenas o malas, solo incluye las que a ti te aplican. Si solo te aplica la de salario, pues no tienes necesidad de incluir ninguna otra por ahora hasta que generemos nuevas fuentes de ingresos.

4. Define tus Categorías Padre de Gastos

Ahora debemos listar todos los conceptos o categorías a través de las cuales gastamos dinero, como comida, alojamiento, entretenimiento, hijos, mascotas, transporte, etc.

Pero, a diferencia de los ingresos, con los gastos vamos a ser un poco más específicos, puesto que es lo que más nos interesa medir en este momento.

Así que vamos a tener una categoría padre de gastos y subcategorías hijas.

Lo que te recomiendo es que primero pienses en categorías macro o categorías padre y que no crees muchas de ellas. Por ejemplo:

ALIMENTACION: Es una categoría padre que pueden incluir subcategorías como Mercado, comidas a domicilio y salidas a comer o cualquiera que tu consideres. Pero antes de pensar en el detalle, pensamos en lo macro que es ALIMENTACIÓN.

TRANSPORTE: es una categoría padre que podría incluir taxis, transporte público, vehículos propios, combustible, aseo de vehículos, etc. Pero antes de pensar en subcategorías, pensamos en lo macro que es TRANSPORTE

Debes crear tu propia lista de acuerdo con tu realidad. Porque si tú no tienes hijos pues no vas a necesitar una categoría padre de HIJOS, mientras que alguien que, si los tenga, necesariamente tendrá que usarla.

A continuación, te dejo un ejemplo de categorías padre de gastos de una pareja, Adriana y Andres, que no tienen hijos:

Catergoria Padre
Donaciones
Mascotas
Membresias
Alojamiento y Vivienda
Alimentación
Transporte y Vehiculos
Sostenimiento Andres
Sostenimiento Adriana

Ahora, una vez tengas tus categorías padres de gastos, empieza a pensar en subcategorías dentro de ellas que quieras medir, lístalas y agrúpalas

Lo que te recomiendo aquí es que no crees muchas subcategorías. Trata de manejar las que realmente uses

Por ejemplo:

Categoría Padre: ALIMENTACION

Categorías Hijas o Subcategorías:

- Mercado
- Comidas a domicilio almuerzo
- Comidas a domicilio cenas
- Salidas a almorzar
- Salidas a cenar
- Desayunos
- Comidas de trabajo
- Medias onces

Este es un mal ejemplo para empezar. ¿Por qué? Porque tienes demasiadas subcategorías para apenas empezar con el hábito de registrar tus movimientos. Te estás haciendo más difícil el trabajo sin necesidad.

El propósito de las subcategorías es encontrar caminos por los que se esté escapando el dinero, pero hay que ir paso a paso. Primero encontrar el camino y una vez identificado si ahondamos en él.

Si ni siquiera sabes si el dinero se te está yendo en comida, ¿de qué te sirve ser tan especifico si gastas más en el almuerzo que en la cena? Te serviría más primero saber si estas gastando mucho dinero en Alimentación.

Qué tal si más bien defines 2 subcategorías que abarcarían todas esas que especificamos en este ejemplo:

Categoría Padre: ALIMENTACION

Categorías Hijas o subcategorías:

- Mercado
- Restaurantes

Estas 2 subcategorías te llevan a un paso antes del detalle, a saber, si, por ejemplo, estas mercando mucho para preparar tu propia comida, pero a la vez sales a comer o pides mucho a domicilio y podrías estar tirando cosas del mercado que se vencen sin consumirlas.

El anterior era mi caso real hace unos años. Con mi esposa mercábamos cada semana como si viniera un apocalipsis zombi, comprábamos muchas cosas. Pero luego nos daba pereza preparar comida y pedíamos a domicilio o salíamos a comer por fuera. No puedo contar la cantidad de comida que tuve que tirar a la basura porque estaba vencida y sin siquiera destapar. Estábamos tirando dinero a la basura en forma de comida en mal estado.

Si encuentras como yo que en mercado gastas mucho y en restaurantes también, podrías entrar a especificar dentro de mercado otras subcategorías, como mercado saludable, golosinas y snacks, frutas y verduras, cárnicos; para así ver dentro de MERCADO que en lo que mas gastas y si deberías gastar eso o estas gastando de más.

Pero no debes iniciar con todo el detalle de una porque te vas a abrumar, te vas a frustrar y va a ser mucho más difícil acordarte en cual de tantas categorías el mes pasado anotaste un gasto y este mes el mismo gasto donde debes registrarlo.

Trata de utilizar las mínimas categorías padres que necesites y las mínimas subcategorías hijas que consideres quieres medir.

Gastos	
Catergoria Padre	Categoria Hija
Donaciones	Donaciones
Mascotas	Perro
	Gato
Membresias	Servicios online (Netflix, spotify rappi, amazon)
	Gym
	Medicina Prepagada
	Empleada Domestica
Alojamiento y Vivienda	Servicios Publicos (Agua, gas, energia, internet)
	Administración / Arriendo
	Matenimiento y Reparaciones
Alimentación	Mercado
	Domicilios
	Salidas a Comer
Transporte y Vehiculos	Transporte publico (taxis, buses, motos, etc)
	Combustible
	Limpieza
	Mantenimiento
	Seguros
Sostenimiento Andres	Ropa y Zapatos
	Libros y Estudio
	Medicamentos Andres
	Aliexpress
	Videojuegos
	Otros Andres
Sostenimiento Adriana	Ropa y Zapatos Deportivos
	Ropa casual
	Zapatos
	Mercado saludable
	Medicamentos Adriana
	Otros Adriana

La tabla anterior es solo un ejemplo, no lo tomes literalmente porque tus finanzas pueden ser muy diferentes a las de las personas de ese ejemplo. Incluso te sugeriría que tu estructura de gastos fuera más simple.

Siempre piensa: "¿si hoy anoto este gasto en esta subcategoría, el próximo mes me acordaré fácilmente de que el mismo gas va en esta subcategoría?".

Si crees que te puedes confundir entre 2 o más subcategorías, mejor que elimines las parecidas y cuando ya tengas más dominado el hábito de registrar tus gastos, puedes volver tu estructura más y más específica.

5. <u>Crea un presupuesto de gastos inicial por categoría</u>

Una vez hemos definido nuestro listado de categorías padres de gastos y categorías hijas o subcategorías, debemos establecer un valor máximo que creemos estamos dispuesto a gastar en cada una de ellas.

No te preocupes por no tener un valor exacto, es parte del proceso y no tienes por qué saberlo. Si se te dificulta, piensa en cuanto dinero podrías gastar en esa subcategoría sin sentir que estas gastando mucho.

Este valor presupuestado por cada categoría debe establecerse en cada mes del año. Así que lista las categorías padres, las categorías hija y los 12 meses del año y en cada mes establece el valor de cada subcategoría de gastos

Categoria Padre	Subcaterogia de Gasto	Enero	Febrero	Marzo	Abril	Mayo	Jun
Donaciones	Donaciones	100.000	100.000	100.000	100.000	100.000	10
Mascotas	Perro	500.000	500.000	500.000	500.000	500.000	50
Mascotas	Gato	200.000	200.000	200.000	200.000	200.000	20
Membresias	Netflix	30.000	30.000	30.000	30.000	30.000	3
Membresias	Amazon Prime Video	15.000	15.000	15.000	15.000	15.000	1
Membresias	Spotify	15.000	15.000	15.000	15.000	15.000	1
Membresias	Gym	60.000	60.000	60.000	60.000	60.000	6
Membresias	Medicina Prepagada	400.000	400.000	400.000	400.000	400.000	40
Membresias	Rappi	15.000	15.000	15.000	15.000	15.000	1
Membresias	Empleada Domestica	120.000	120.000	120.000	120.000	120.000	12
Alojamiento y Vivienda	Servicios Publicos (Agua, gas, en	370.000	370.000	370.000	370.000	370.000	37
Alojamiento y Vivienda	Administración / Arriendo	250.000	250.000	250.000	250.000	250.000	25
Alojamiento y Vivienda	Matenimiento y Reparaciones						25
Alimentación	Mercado	1.000.000	1.000.000	1.000.000	1.000.000	1.000.000	1.00
Alimentación	Domicilios	750.000	750.000	750.000	750.000	750.000	75
Alimentación	Salidas a Comer	250.000	250.000	250.000	250.000	250.000	25
Transporte y Vehiculos	Transporte publico (taxis, buses	50.000	50.000	50.000	50.000	50.000	5
Transporte y Vehiculos	Combustible	150.000	150.000	150.000	150.000	150.000	15
Transporte y Vehiculos	Limpieza	50.000	50.000	50.000	50.000	50.000	5
Transporte y Vehiculos	Mantenimiento				350.000		
Transporte y Vehiculos	Seguros						

La mayoría de las subcategorías tendrá el mismo valor presupuestado para todos los meses; algunas tendrán valor presupuestado en algunos meses específicos, pues no son gastos periódicos, otras tendrán un valor diferente cada mes.

Debes hacerlo acorde a tu realidad. Pero vuelvo y te recomiendo, no le des muchas vueltas ni gastes mucho tiempo tratando de establecer los valores perfectos, no podrás lograrlo así te tomes una semana entera.

Define el valor presupuestado como el valor con el que te sentirías cómodo gastando en esa subcategoría.

Una vez tengas todo hecho, suma en cada mes los valores presupuestados de cada subcategoría de una categoría padre para encontrar el presupuesto de la categoría padre, que sería igual a la suma de los presupuestos de sus categorías hijas en ese mes

Etiquetas de fila	Suma de Enero	Suma de Febrero	Suma de Marzo
Alimentación	2.000.000	2.000.000	2.000.000
Alojamiento y Vivienda	620.000	620.000	620.000
Donaciones	100.000	100.000	100.000
Mascotas	700.000	700.000	700.000
Membresias	655.000	655.000	655.000
Sostenimiento Adriana	710.000	710.000	1.210.000
Sostenimiento Andres	320.000	320.000	320.000
Transporte y Vehiculos	250.000	250.000	250.000
Total general	**5.355.000**	**5.355.000**	**5.855.000**

Establece si el valor presupuestado por categoría padre (suma de los valores presupuestados de sus categorías hijas o subcategorías) está bien para ti, si te sientes cómodo gastando esa cantidad en dicha categoría padre. Si no, reduce el valor presupuestado de algunas de sus subcategorías.

Una vez hayas hecho todos los pasos anteriores, habrás definido la estructura básica de tus finanzas personales.

Ya tienes las cuentas o lugares donde manejas dinero, las categorías de ingresos, las categorías padres de gastos con sus subcategorías y el presupuesto por cada una de ellas.

¿Que sigue ahora? Pues llevar tu estructura a una aplicación de manejo de gastos en su smartphone o la plantilla de Excel o sistema informático.

Ya no tendrás que trabajar con las estructuras que estas aplicaciones ofrecen para todo el mundo, sino que trabajaras con tu estructura propia. Esto hará que sientas todo mucho más personal, te apropies de la tarea de llevar tu registro a tu gusto, como tú lo has pensado y no como otra persona pensó que deberías llevarlo. Hay una diferencia enorme.

Solo te queda escoger la aplicación (app) u hoja de cálculo donde quieres llevar tu registro. Yo te recomiendo que sea una aplicación y no llevar tu registro en tu laptop, porque llevamos siempre con nosotros nuestro teléfono entonces es mucho más cómodo, fácil y a la mano, sacar el teléfono, abrir la app y anotar la transacción allí mismo mientras la efectuamos. Así no se nos olvida registrarla.

Pero hazlo como mejor te parezca y como te sientas mejor. Algunas personas anotan sus movimientos en una agenda que llevan consigo y luego en las noches pasan los registros a una hoja de cálculo Excel. Hazlo como te quede más cómodo y sencillo, pero hazlo.

A continuación te dejo un par de app para IOS y Android que te pueden ayudar con esta tarea

REGISTRO CONTABLE

Es la mejor aplicación gratuita para llevar todo tu registro y controlar tus gastos

Es increíble que esta aplicación sea gratuita. Con ella prácticamente vas a poder llevar todo tu registro de movimientos financieros sin problemas.

Veras que fácil es configurar tu estructura en ella, pues maneja categorías, subcategorías, cuentas y presupuestos, tal cual como los acabamos de definir. Simplemente borra las que ella trae por defecto y crea las tuyas propias y listo.

WALLET BY BUDGETBAKERS

Otra gran aplicación para llevar tu registro contable, mucho más completa en cuanto a informes y estadísticas, pero no es gratuita, aunque no es costosa.

Lo bueno de Wallet es que, en su versión premium, puedes usarla con varios miembros de la familia, donde todos comparten cuentas y gastos y cada uno desde su teléfono anota sus gastos y se sincroniza al instante en los teléfonos de los demás miembros. Muy útil para llevar el registro con tu pareja.

Además, tiene otras utilidades como: lista de compras, poder importar/exportar a Excel, manejo de deudas, garantías, prestamos, etc.

Yo te recomiendo que empieces con REGISTRO CONTABLE que es gratis mientras coges el hábito de llevar tu registro contable y cometes todos los errores. Una vez seas un experto y si necesitas más información relevante o llevar el registro en pareja o familia, te pases a Wallet y compres esta aplicación.

Palabras Finales del Paso 2

Para finalizar, debes tener muy claro que los primeros meses de tu registro contable, éste no será para nada perfecto ni te van a cuadrar las cuentas tal como las ves en tu banco. ¿Por qué? Pues porque se te van a olvidar anotar muchos movimientos mientras adquieres la costumbre de hacerlo. Eso es completamente normal.

Sin embargo, no tienes que pretender ser un contador profesional y que todo cuadre perfecto. Lo que estamos buscando aquí es identificar en donde están los gastos absurdos que te dejan sin dinero.

Con ese objetivo en mente, lo principal no es que las cuentas cuadren inicialmente, sino que anotes todos los movimientos que más puedas, para que la app te pueda mostrar hacia donde se está yendo tu dinero.

Entre más movimientos anotes, mejor información tendrás y así mismo mejores serán tus hallazgos y podrás tomar mejores decisiones.

Por ejemplo, si te gusta el gimnasio y tienes un entrenador personal, es posible que te haya enviado a tomar vitaminas, proteínas y demás. Intenta anotar cada compra que hagas al mes de todos estos productos. Te llevaras una gran sorpresa de cuanto gastas en ellos al mes.

Y no es para que dejes de consumirlos si en verdad los necesitas, pero ver lo que realmente gastas en ellos, te puede llevar a encontrar formas creativas de conseguirlos más baratos, como pedirlos por Amazon, por ejemplo.

Recuerda que todo esto que estás haciendo nuevo en tu vida, es para lograr un cambio que te atraerá mayores beneficios. Con eso siempre en mente veras que es incluso divertido llevar tu registro. Yo me divierto bastante haciendo mi cierre de mes con mis datos.

¿Qué tal te ha parecido todo esto? ¿Alguna vez lo habías visto de este modo y con este enfoque personalizado que le dimos?

Yo no estoy diciendo que este sea la única forma verdadera para hacerlo, porque el/la único(a) que pueda encontrar la mejor forma de hacer sus propias finanzas eres tú mismo(a).

Ya verás como luego de hacer tu registro por unos meses, empezaras a querer saber más, a ir más al detalle. Puede que decidas que necesitas una app más completa o, como fue mi caso, decidir que registras todo en una app por la practicidad, pero ya los informes los haces tú mismo a tu gusto en Excel o Power BI con la data exportada desde la app

Es un proceso, no te impacientes, pero si, inicia ahora. Nadie dijo que tenía que ser perfecto, nadie ha dicho que desde el primer mes todo te tiene que cuadrar perfecto. No esperes la perfección para arrancar porque nunca arrancarás. Inicia con todos los fallos y errores que tengas y en el camino aprende a resolverlos, así ganas la experiencia que te convertirá en un maestro.

3. Administra y Paga tus Deudas de Forma Inteligente

Aprende a Ahorrar mucho dinero pagando tus Deudas

La gran mayoría de nosotros hemos tenido deudas en algún momento. Incluso ahora tu podrías tener una o varias deudas. Esta situación es la que nos metieron en la cabeza como "normal".

"Como yo no soy rico, tengo que endeudarme para poder tener las cosas que quiero"

Esa frase seguramente la escuchaste de tus padres cuando eras pequeño o de algún maestro o del sacerdote de tu iglesia o de alguna figura de autoridad en la que confiabas.

Así como esta frase, cuando eras pequeño escuchaste muchas otras, como que el dinero es la raíz de todo mal, que el dinero es el diablo, que es mejor ser pobre que honrado, que es mejor ser pobre pero vivir tranquilo y muchas otras frases que solo intentan romantizar la pobreza.

Así se forman las creencias de forma inconsciente en nosotros. Escuchamos algo que una figura de autoridad cuando éramos niños, y lo creemos porque confiamos en esa persona.

Como sabes que me gusta hacer preguntas y cuestionar cosas, si tú me dices "*Como yo no soy rico, tengo que endeudarme para poder tener las cosas que quiero*" yo te preguntaría "¿Y no sería mejor ser rico para que sin necesidad de endeudarte de mala manera pudieras tener todo lo que quieres?"

La diferencia entre mi pregunta y la afirmación "*Como yo no soy rico, tengo que endeudarme para poder tener las cosas que quiero*" es que mi pregunta pone la responsabilidad de tu vida en ti, mientras que esa tonta afirmación te quita la responsabilidad, te desempodera, entonces es más cómodo irnos por el camino fácil.

Al yo preguntarte por qué no mejor volverte rico, te estoy diciendo por qué no haces el esfuerzo de lograr ser rico, y tus creencias limitantes se activan inmediatamente y salen los pensamientos que es imposible para ti ser rico, que no tienes tanta suerte, que en tu país es imposible por la economía, etc.

Mientras que decir "*Como yo no soy rico, tengo que endeudarme para poder tener las cosas que quiero*" es más facilista, porque no tienes que esforzarte, solo pasar la tarjeta de crédito y ya.

Es por esto mismo, que las personas saben de la importancia de las finanzas personales, pero no las adoptan, porque saben también que esto implica un esfuerzo. Es más fácil ir y poner todos tus ahorros en una pirámide (sistema fraudulento que ofrece ganancias irreales fáciles y rápidas).

Quiero mostrarte como, de forma sencilla y práctica, puedes empezar a labrar un camino hacia unas finanzas muchos más sanas, libres de deudas malas, y si persistes en él podrías llegar a esa riqueza con la que tantos sueñas.

Toda esta introducción no es más que mostrarte hoy que ordenar tus finanzas no es tan difícil como crees, que de hecho en ese camino descubrirás muchas cosas de ti como persona, muchos comportamientos y creencias que están funcionando en automático y que no te habías percatado que lo hacían y que incluso, ya ni estás de acuerdo con ellas, pero no las cuestionabas.

Si es posible llevar una vida sin deudas malas. Yo mismo estuve muy endeudado y hoy te puedo decir que es posible. Solo hay que empezar por un primer paso, y es analizando nuestras deudas.

Así que te invito a hacer un pequeño esfuerzo, a tomar tú la responsabilidad de tus deudas, a empoderarte y a querer salir de ellas lo más rápido que puedas. Sí es posible, y estoy seguro de que hasta te gustará tomar la responsabilidad una vez que veas lo apasionarte que es interesarte por tus finanzas.

No te imaginas lo poderoso que es una rebaja en la tasa de interés. No te imaginas el efecto de un abono a capital en tus deudas, no te imaginas lo que te ahorras al mermar el tiempo de tus deudas. Empecemos entonces con todo lo relacionado con las deudas.

Como Comprar

El propósito de la inteligencia financiera y de ordenar tus finanzas es que aprendas a administrar tu dinero (y por ende tu tiempo) para utilizarlo en hacer tu vida más próspera. ¿Y cómo se logra eso? Dejando de gastar tu dinero en cosas que no necesitas y que solo te dan una satisfacción pasajera para que así tengas más para disfrutar de lo que te haga realmente feliz.

Si quieres comprar algo tienes las siguientes opciones:

- **No lo necesitas o es una compra impulsiva**: No lo compres. Si es una promoción muy buena pero no lo necesitas entonces para qué comprarlo. Ejemplo de este tipo de compras puede ser ropa nueva cuando tienes el closet lleno de ropa que si mucho te has puesto 2 veces. ¿De verdad vale la pena gastar dinero que necesitas, por cosas de las que ya tienes suficiente y no usas?

- **Lo necesitas, mejora tu calidad de vida en el tiempo, pero no tienes el dinero**. Intenta comprarlo con la tarjeta de crédito a 1 cuota, para que así puedas llegar a tener hasta 45 días para pagarlo. Si en 45 días ves que no puedes pagarlo, intenta pedir un crédito en tu entidad financiera pues seguramente el interés será mucho más bajo que el de tu tarjeta de crédito. Así el crédito te lo den a 1 año, cada uno de los siguientes meses abona extra al crédito para pagarlo en la mitad del tiempo o menos.

- **Lo necesitas, mejora tu calidad de vida en el tiempo y tienes el dinero**. Cómpralo de contado o con tu tarjeta de crédito a 1 cuota para ganar millas o puntos.

Al comienzo va a ser difícil, sobre todo porque uno ha estado acostumbrado a comprar de una forma desde hace muchos años, pero como todo cambio, solo requiere un poco de esfuerzo y persistencia. Le estás enseñando a tu cerebro un nuevo hábito, y el solo trata de resistirse para permanecer en la zona conocida o zona de confort.

Me dirás: "Andres, es que con la tarjeta de crédito es más fácil". Claro que es más fácil, práctico y rápido PEROOOOOOOO todo eso cuesta y te lo cobran. ¿Creías que era gratis? Mirémoslo con números. Vamos a pedir prestados $1.000 dólares a 3 años. En el primer escenario a la tarjeta de crédito y en el segundo escenario a través de un préstamo bancario. La tarjeta de crédito vamos a suponer que tiene una tasa de interés del 30%EA (efectiva anual) mientras que el préstamo bancario el 12%EA.

Deuda	Tarjeta de Crédito	Préstamo Bancario
Valor a prestar	$1,000	$1,000
Tasa EA	30.00%	12.00%
Tasa Mensual	2.21%	0.95%
Periodos (meses)	36	36
Cuota (Mensual)	$41	$33
Total a Pagar al final	$1,461	$1,185
Intereses Totales	**$461**	**$185**

Observa como la facilidad, practicidad y comodidad de la tarjeta de crédito te cuesta en intereses $461, mientras que con el préstamo bancario solo pagarías $185 en intereses. Son $276 de diferencia.

Si un amigo te dijera que te paga $276 dólares por llenar un formulario e irlo a llevar al banco haciendo una fila de 30 minutos, seguramente te parecería una super oportunidad para ti. Ganarse $276 así de fácil, no puede ser verdad.

¿Entonces por qué, cuando se trata de ti mismo, no te parece que ganarte esos $276 dólares sea algo bueno?

¿Por qué usas la tarjeta de crédito y no te tomas la molestia de ir al banco 30 minutos a solicitar un préstamo? (Incluso ya puedes solicitar los préstamos por internet sin ir presencialmente al banco).

Te voy a dar 2 respuestas, una simple y una compleja.

La respuesta simple en la mayoría de los casos es que no tenías ni idea de lo que te costaba comprar con tu tarjeta de crédito. En tu mente, aquella TV que compraste con tu tarjeta de crédito te costó $1.000 y eres super inteligente porque la compraste en promoción con un super descuento; es decir la TV costaba por ejemplo $1.300 pero tú la acabas de comprar en $1.000. Ahorraste $300

Tu tarjeta de crédito te hizo aprovechar la super promoción. !!ERROR!! Al final de los 36 meses terminaste pagando por esa TV $1.461, es decir, pagaste más de los $1.300 que costaba sin la promoción.

Si el motivo de comprar la TV no era porque la necesitarás para mejorar tu calidad de vida obteniendo satisfacción perdurable en el tiempo, sino por aprovechar la promoción, ¿Realmente aprovechaste la promoción?

La respuesta compleja va un poco más allá. Tú sabes que no necesitas lo que vas a comprar, sabes que con tarjeta de crédito te sale más costoso, entonces, ¿por qué compras?

Porque en tu mente no hay una programación que diga "*Si tienes deudas, deja de comprar y endeudarte más y mejor ese dinero úsalo para reducir las deudas que ya tienes*".

¿Te habías preguntado por qué nunca piensas en esa frase antes de comprar cosas? Porque no la tienes programada en tu mente.

Es la misma razón por la que personas con cáncer de pulmón saben que no deben fumar porque es muy perjudicial, pero e igual fuman; sus mentes están programadas para fumar, así como tu mente está programada para gastar.

Yéndonos mucho más al subconsciente de nuestra mente, preferimos el placer temprano que nos genera ese cigarrillo o ese TV que el dolor a largo plazo que nos traerá el cáncer o las deudas.

Esa programación es la que hace que encuentres una y mil razones de porque necesitas comprar ese artículo ya mismo, así sea con la tarjeta de crédito y te olvides de calcular el costo de los intereses en el tiempo o de pensar si realmente lo necesitas o si ya tienes más de eso mismo en tu casa.

¿Cuál respuesta aplica más para ti, la simple o la compleja? ¿Realmente valió la pena comprar un TV nuevo para desconectar y guardar otro que ya tenías y que aún está bueno? ¿No sería mejor llevar a tu familia de paseo un fin de semana y atesorar recuerdos maravillosos que te darán más felicidad verdadera?

Creemos que cuando compramos a crédito las cosas nos cuestan el precio que vemos en el almacén, pero no es así. Los intereses en el tiempo cuestan y mucho, lo que pasa es que muy poca gente los calcula.

¿Por qué no los calculan? porque tienen la creencia (o más bien la excusa disfrazada de creencia) que ordenar las finanzas los hará tacaños, porque quieren todo ya (placer a corto plazo) y porque sus mentes están programadas para gastar y no para calcular costo de intereses.

No comprar algo que no necesitas realmente no es ser tacaño, es saber administrar tu dinero para luego poder usarlo en momentos y cosas que sí te den felicidad perdurable (placer perdurable a largo plazo), por las que si valga la pena intercambiar tu tiempo y tu dinero.

Qué hacer con mis Deudas

Si te ha parecido reveladora la información que acabas de leer sobre las deudas, está bien, siempre es bueno aprender algo nuevo. Sin embargo, el problema está en las deudas que ya tienes.

Lo primero que debes hacer es no incrementar más tus deudas y vas a empezar con meter la siguiente frase en tu mente:

> ***No debo comprar más cosas a crédito si tengo deudas; ese dinero lo usaré para reducir mis deudas actuales***

Necesitas empezar a reprogramar tu mente para que deje de gastar tanto. Esto no es tan sencillo como parece, pues las programaciones de nuestra mente son inconscientes, se activan y funcionan en automático. Así que debemos lograr que ese mensaje también, de alguna manera aparezca automáticamente al momento que queramos hacer una compra por capricho, euforia o impulso.

Algo que a mí me ayudó mucho para reprogramar mi mente fue pensar en mis resultados. Cuando estaba en un horrible empleo, mis resultados no me gustaban para nada.

Imagina un árbol donde cada fruto es un resultado en tu vida. Mis frutos eran: Frustración, vida sin propósito, dolor de cabeza permanente, deudas, desesperanza, depresión, dependencia económica de mi empleo, cero ahorros, cero inversiones, infelicidad, por nombrar algunos.

Imagínate colgando en tu habitación un poster de un árbol donde los frutos tuvieran esas palabras. Sería un árbol bastante tétrico y deprimente. A mí no me gustaban para nada los frutos de mi árbol, sin embargo, todos los días sólo abonaba ese árbol con quejas, alegatos, repartiendo culpas a los demás, culpando a otros y a la vida por mi desgracia y gastando el dinero en cosas que no me ayudaban. Es decir, no quería esos frutos, pero los alimentaba constantemente.

Detente un momento a pensar si estás a gusto con tus frutos, con tus resultados hasta hoy. Posiblemente no o al menos no con todos. ¿Qué frutos te gustaría que tu árbol diera? Quizás un fruto que diga felicidad, otro que diga vivir un propósito de vida, otro que diga trabajo ideal, otro que diga libertad financiera, otro que diga tiempo de sobra con la familia, otro que diga, ayudar a los necesitados, no sé, lo que para ti haga sentido y te haga feliz.

Y qué tal un fruto que dijera CERO DEUDAS MALAS ¿sería genial no? ¿Has imaginado alguna vez cómo sería tu vida sin deudas? Tal vez no porque esa programación no te la enseñaron, nos programaron para vivir siempre endeudados, pero imagínate por un momento sin ninguna deuda. ¿Qué harías? ¿Cómo te sentirías? Yo me imaginé libre, sin cadenas ni grilletes.

Es en este punto, donde empiezas a ver cómo sería tu vida con los resultados que quieres, como ese árbol comienza a convertirse de tétrico a un árbol hermoso, grande, verde, fuerte y con frutos dulces.

Cuando visualizas los resultados que puedes llegar a obtener, es más fácil convencer a tu mente que reciba una nueva programación. Le dices, "*mira, desde ahora vamos a hacer esto para obtener esto*". Inténtalo, no tienes nada que perder y sí mucho que ganar. O sigues con los mismos resultados de siempre o intentas obtener unos mejores.

Respecto a la deuda, nuestro fruto podrido es un endeudamiento alto, pero si programamos en nuestra mente la frase "***No debo comprar más cosas a crédito si tengo deudas; ese dinero lo usaré para reducir mis deudas***" seguramente nos desharemos de ese fruto y nuestro árbol dará un fruto bueno.

Cuando yo inicié con la meta de tener cero deudas malas, en vez de pensar en todo lo que no me iba a poder comprar, miré la situación como que había cometido un error al endeudarme de mala manera, el pasado es pasado, ya el error está hecho, ahora solo queda corregirlo.

No se trata de que te pongas a pensar "si hubiera hecho esto o hubiera hecho aquello", nada, sin culpa y sin vergüenza por el pasado, simplemente hiciste lo mejor que pudiste con la información que tenías. Ahora que tienes nueva información, intenta hacer lo mejor con ella para solucionar el error.

Una vez que has adquirido la consciencia de no incrementar más tus deudas, pasemos al siguiente paso: **Reducir las que ya tienes**.

No nos enseñaron que cuando tenemos deudas nunca debemos limitarnos a pagar solo la cuota mínima. Por si no lo sabías o tu mente te hacía olvidarlo, la cuota que sale en el extracto de tus deudas no es la cuota que tienes que pagar, no, es la cuota MÍNIMA que tienes que pagar, pero no significa que no puedas pagar más de esa cuota.

Pagar solo la cuota mínima de las deudas no solo te asegura tener que pagar el 100% de los intereses en el tiempo, sino que, en el caso de una tarjeta de crédito, por ejemplo, te hace creer que debes según el tamaño de la cuota mínima. Si la cuota es muy pequeña crees que debes poco. ¡Mentira! Puedes tener una gran deuda a mucho tiempo, pero la cuota mínima te hace creer que debes poco y tú te sigues endeudando.

Aquí es donde el truco de ver que todo esto es un problema que hay que solucionar sirve mucho. ¿Y cómo se soluciona? Abonando a tus deudas mucho más de la cuota mínima. De aquí en adelante ya no vale pensar porque no supiste esto desde antes, ni arrepentimientos ni nada, solo ganas de arreglar el problema, ¿OK?

Pasemos entonces a analizar nuestras deudas para encontrar mejores maneras de pagarlas que nos convengan a nosotros y no a los bancos o prestamistas.

Aprende a Evaluar tus Deudas

La cuota periódica de cualquier deuda se compone de dos partes: una parte del dinero se va como pago de intereses y la otra parte como abono a capital. Solamente la parte de abono a capital es la que resta al saldo de tu deuda, los intereses no.

Por ejemplo:

Deuda	Tarjeta de Crédito
Saldo a la Fecha	$1,000
Tasa MV	2.21%
Periodos	36
Cuota	$41

La cuota de esta deuda de $1.000 dólares son $41 dólares mensuales, pero no significa que cuando paguemos esos $41, nuestra deuda va a quedar en $959, no. De esos $41, y dependiendo del sistema de deuda utilizado, una parte se va para intereses y otra parte a capital. En algún momento, podría ser que de los $41, $22 se irían a intereses y solo $19 irían a capital, por lo que tu nuevo saldo de deuda sería $981 (1000-19 = 981). Los $22 que pagaste en intereses se los gana quien te prestó el dinero, pero a ti no te ayudan.

¿Por qué es tan importante hacer abonos a capital a las deudas? Porque disminuyen el saldo de tus deudas inmediatamente y con eso, a la vez disminuyen el tiempo de la deuda, lo que se traduce en que pagarás menos intereses. Seguramente estarás pensando que un abono a capital disminuye muy poco los intereses que tienes que pagar y si vale la pena tomarse tantas molestias. Vamos a responder con números.

Supongamos que adquirimos el siguiente préstamo hipotecario de 100.000 dólares a 20 años con una tasa de 8%EA

Préstamo	
Monto a Prestar	$100,000.00
Tasa EA	8.00%
Tasa Mes	0.64%
Periodos	240
Cuota	$819.15

Si hacemos la simulación de nuestro crédito hipotecario encontramos que al final de los 20 años pagando cuotas mínimas iguales de $819,15 habremos pagado al banco casi el doble de lo que nos prestó, lo que significa que lo que pagaremos en intereses es casi igual a lo que prestamos, además de tener que devolver los 100.000.

Valor Prestado	Total a devolver	Intereses a pagar
$100,000.00	$196,596.05	$96,596.05

Estoy seguro de que de una u otra forma tú sabías esto, sabes que al endeudarse por mucho tiempo terminas pagando mucho en intereses, lo que pasa es que tu mente aún no tenía la programación de prestarle atención a esto ni mucho menos de dimensionarlo. En este ejemplo, como nos dedicamos a pagar solo la cuota mínima, terminamos pagando el 100% de los intereses en el tiempo. Además, nos demoramos exactamente 20 años para saldar la deuda.

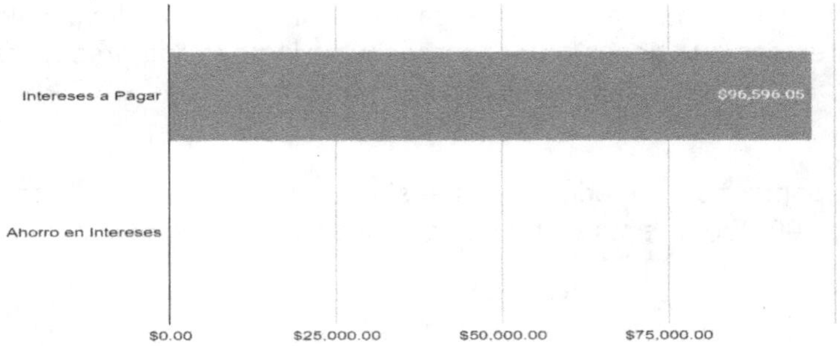

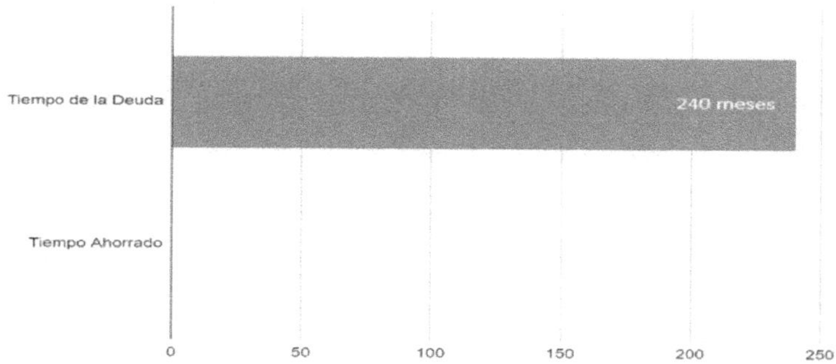

Ahora veamos qué pasa cuando hacemos abonos a capital. Vamos a suponer que mensualmente durante el tiempo de vida de la deuda, además de pagar la cuota mínima, abonamos constantemente cada mes a capital $100.

Periodo	Saldo	Cuota	Intereses	Capital	Abono Cte	Abono Extra	Nuevo Saldo
1	$100,000.00	$819.15	$643.40	$175.75	$100.00		$99,724.25
2	$99,724.25	$819.15	$641.63	$177.52	$100.00		$99,446.73
3	$99,446.73	$819.15	$639.84	$179.31	$100.00		$99,167.42
4	$99,167.42	$819.15	$638.05	$181.10	$100.00		$98,886.32
5	$98,886.32	$819.15	$636.24	$182.91	$100.00		$98,603.41

.

.

186	$2,475.78	$819.15	$15.93	$803.22	$100.00		$1,572.56
187	$1,572.56	$819.15	$10.12	$809.03	$100.00		$663.52
188	$663.52	$819.15	$4.27	$814.88	$0.00		-$151.36

Con ese abono de $100 mensuales, nuestro crédito terminaría en el mes 188 ya no en el 240, es decir que dejamos de pagar intereses por 52 meses

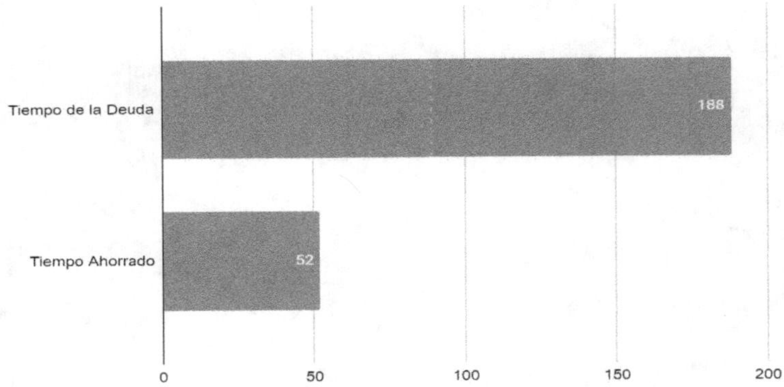

¿Y cuánto ahorramos en intereses? Al reducir el tiempo de la deuda a solo 188 meses y cada mes reducir más el saldo de la deuda con esos $100, terminamos ahorrándonos en intereses:

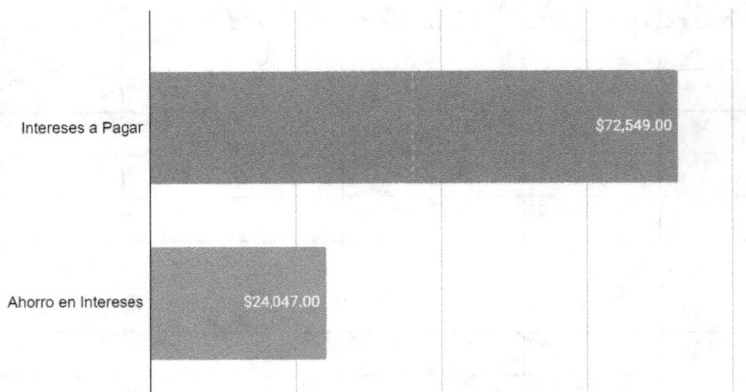

Observa cómo ya no tuvimos que pagar los $96.596 en intereses del caso 1, solamente pagamos $72.549, es decir que por hacer abonos constantes a capital de solo $100, nos terminamos ahorrando $24.047 dólares, en este caso casi un 25% de lo que pedimos prestado. Ves ahora el poder de los abonos a capital. Es mucho el dinero que deja de salir de tu bolsillo cuando haces abonos a capital.

Qué tal si hacemos el ejemplo abonando $200 dólares mensuales. Acabaríamos la deuda en el mes 156 o en el año 13, es decir que terminaríamos 84 meses o 7 años antes. Y en intereses ya no pagaremos $96.596 sino $58.561, es decir dejarían de salir de nuestro bolsillo $38.035. ¿No crees que vale mucho la pena?

¿Ahorro o pago deudas?

Es una pregunta que mucho nos hacemos cuando no tenemos experiencia en inversiones.

Muchas personas tienen ahorros a la vez que tienen deudas y han escuchado que uno debería invertir en una oportunidad que le dé más rentabilidad que los intereses que cobran las deudas y así los rendimientos de las inversiones pagarían sus deudas y les queda dinero para ellos.

Esto está correcto y así es como la gente rica hace más y más dinero. La cuestión es cuando no eres un inversionista experto, conoces solo unas pocas inversiones como un CDT (certificado de depósito a término) o algún fondo de inversión básico que te ofrecen en tu banco o quizás comprar un apartamento para alquilar y ya.

Tienes miedo de arriesgar tu dinero, porque son tus ahorros y sabes que tienes deudas. Habrás escuchado hablar de criptomonedas, Forex, acciones, pero ni idea cómo acceder a esos portafolios, además que podrías perder dinero con ellos.

Entonces como que sufres un bloqueo y tus ahorros siguen quedándose en la cuenta de ahorros perdiendo valor por la inflación, pudiéndolos utilizar de una manera muchísimo más inteligente y sobre todo rentable que si está a tú alcance totalmente con tu inexperiencia y todo.

Retomemos el ejemplo del abono a capital cuando abonamos $200 dólares mensuales. Vimos que el tiempo de la deuda disminuyó de 240 meses (o 20 años) a 156 meses (o 13 años) y que ya no tuvimos que pagar $96.596 en intereses sino solamente $58.561, es decir dejaron de salir de nuestro bolsillo $38.035

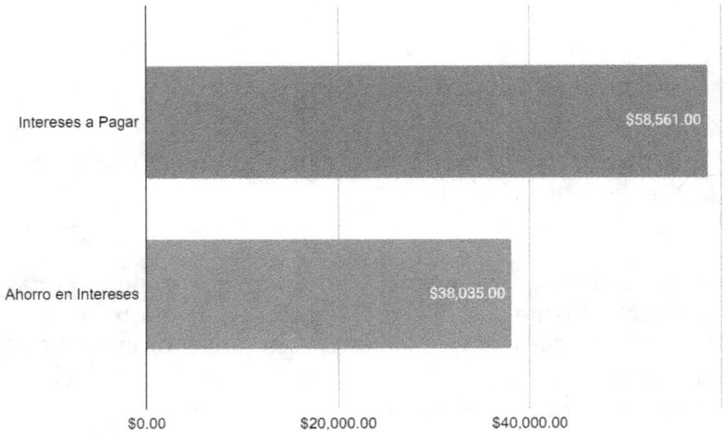

Pero para poder lograr este ahorro en intereses tuvimos que, mensualmente dar $200 dólares adicionales a la cuota mínima del crédito durante 155 meses, es decir, un total de $31.000 dólares que, como eran a abonos a capital terminaron siendo parte de los 100.000 que debías inicialmente.

Y qué tal si miramos estos $31.000 como una inversión y no como un pago. Cuando tú inviertes, es porque esperas obtener un valor mayor que el que invertiste. Pues resulta que, en una deuda, al hacerle abonos a capital es como una especie de "inversión a la inversa". Sí, suena enredado, pero no lo es tanto.

Aquí no estás poniendo dinero para recibir más en el futuro, sino para, en el futuro, evitar que más dinero salga de tu bolsillo pagando intereses. Con eso en mente, perfectamente podemos calcular matemáticamente el retorno de "invertir" esos $31.000 dólares en nuestra deuda.

Si hacemos abonos a capital por un total de $31.000 dólares y nos ahorramos en intereses $38.035 dólares entonces nuestro dinero "rindió" un 123% (38.035 / 31.000). Esos $31.000 evitaron que de mi bolsillo salieran otros $38.035.

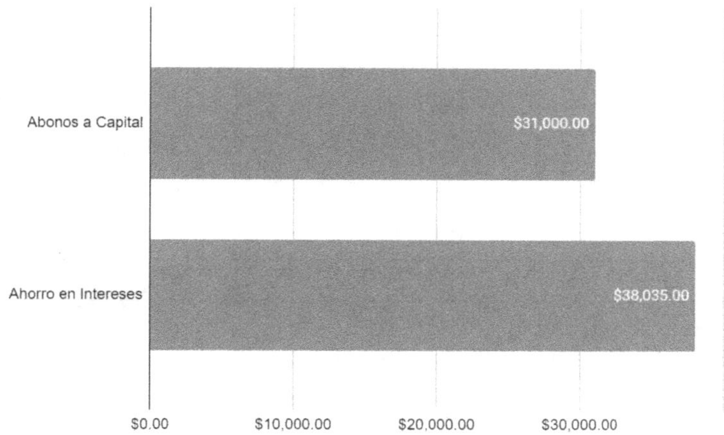

Ahora que pasaría si en vez de hacer abonos periódicos constantes, abonamos a capital una suma considerable en un mes específico. Imagina por ejemplo que tu bonificación de navidad que son $5.000 dólares la quieres abonar a capital en el mes 24 de tu deuda

Periodo	Saldo	Cuota	Intereses	Capital	Abono Cte	Abono Extra	Nuevo Saldo
1	$100,000.00	$819.15	$643.40	$175.75	$0.00		$99,824.25
2	$99,824.25	$819.15	$642.27	$176.88	$0.00		$99,647.37
.							
23	$95,860.80	$819.15	$616.77	$202.38	$0.00		$95,658.42
24	$95,658.42	$819.15	$615.47	$203.68	$0.00	$5,000.00	$90,454.74
25	$90,454.74	$819.15	$581.99	$237.16	$0.00		$90,217.58

Este abono generaría los siguientes efectos:

- El tiempo de la deuda se disminuiría de 240 a 218 meses
- El pago de intereses disminuiría de $96.596 a $82.978 (ahorro de $13.618)
- ROI = $13.618 / $5.000 = 272% (Retorno de la "Inversión a la inversa")

Qué pasaría si los $5.000 dólares los abonamos antes, en el mes 6.

Periodo	Saldo	Cuota	Intereses	Capital	Abono Cte	Abono Extra	Nuevo Saldo
1	$100,000.00	$819.15	$643.40	$175.75	$0.00		$99,824.25
2	$99,824.25	$819.15	$642.27	$176.88	$0.00		$99,647.37
.							
5	$99,290.20	$819.15	$638.84	$180.31	$0.00		$99,109.88
6	$99,109.88	$819.15	$637.68	$181.47	$0.00	$5,000.00	$93,928.41
7	$93,928.41	$819.15	$604.34	$214.81	$0.00		$93,713.60

Este abono generaría los siguientes efectos:

- El tiempo de la deuda se disminuiría de 240 a 215 meses
- El pago de intereses disminuiría de $96.596 a $80.875 (ahorro de $15.721)
- ROI = $15.721 / $5.000 = 314%

Observemos que, al abonar más pronto a capital, nuestro dinero rinde mucho más, disminuye más tiempo de deuda y evita que paguemos más intereses. Algo que, si no sabias, debes aprender desde hoy y dejarlo grabado en tu mente, es que en los primeros periodos de las deudas es donde más tenemos que abonar a capital porque es donde mayor efecto genera el dinero que abonemos.

Miremos que pasa si durante el primer año de esta deuda hiciéramos tres abonos a capital de $5.000 cada uno, en el mes 3, 8 y 11

Periodo	Saldo	Cuota	Intereses	Capital	Abono Cte	Abono Extra	Nuevo Saldo
1	$100,000.00	$819.15	$643.40	$175.75	$0.00		$99,824.25
2	$99,824.25	$819.15	$642.27	$176.88	$0.00		$99,647.37
3	$99,647.37	$819.15	$641.13	$178.02	$0.00	$5,000.00	$94,469.36
4	$94,469.36	$819.15	$607.82	$211.33	$0.00		$94,258.03
5	$94,258.03	$819.15	$606.46	$212.69	$0.00		$94,045.34
6	$94,045.34	$819.15	$605.09	$214.06	$0.00		$93,831.28
7	$93,831.28	$819.15	$603.71	$215.44	$0.00		$93,615.84
8	$93,615.84	$819.15	$602.33	$216.82	$0.00	$5,000.00	$88,399.02
9	$88,399.02	$819.15	$568.76	$250.39	$0.00		$88,148.63
10	$88,148.63	$819.15	$567.15	$252.00	$0.00		$87,896.63
11	$87,896.63	$819.15	$565.53	$253.62	$0.00	$5,000.00	$82,643.01
12	$82,643.01	$819.15	$531.73	$287.42	$0.00		$82,355.59

Estos abonos generarían los siguientes efectos:

- El tiempo de la deuda se disminuiría de 240 a 175 meses
- El pago de intereses disminuiría de $96.596 a $57.779 (ahorro de $38.817)
- ROI = $38.817 / $15.000 = 259%

Y si aparte de estos 3 abonos de $5.000, hicieras abonos periódicos constantes de $200, los efectos serían:

- El tiempo de la deuda se disminuiría de 240 a 122 meses
- El pago de intereses disminuiría de $96.596 a $38.726 (ahorro de $57.870)
- ROI = $57.870 / $39.200 = 148%

Te diste cuenta como el abono a capital puede cambiar tus deudas y por ende tu calidad de vida de una manera impresionante.

Esta información estuvo siempre a tu alcance, solamente que no tenías en tu programación mental hacerte preguntas como ¿Qué pasa si abono $5.000 a mi deuda en el mes 12? o ¿Qué pasa si abono $100 mensuales? Generalmente en nuestra mente están otro tipo de preguntas menos importantes como ¿Será que aprovecho la promoción? ¿Y si luego está más caro o se agota?

Espero que con todo esto ahora tengas una visión diferente y mucho más amplia sobre las deudas y cómo se deben manejar. Y para responder a la pregunta inicial ¿Debo usar mis ahorros para pagar deudas?

Pues la respuesta es que, si no tienes una oportunidad de inversión que rinda más que la tasa de interés de tu deuda, sea por tu falta de experiencia o conocimiento o la razón que sea, pues te puede salir más conveniente abonar a capital que tener los ahorros en la cuenta bancaria perdiendo valor por la inflación.

Eso sí, nunca olvides tener siempre un fondo de emergencia líquido para cualquier eventualidad que se te pueda presentar. Nunca te quedes sin ningún ahorro por abonar todo a tus deudas.

Aclaración. Es importante que averigües en tu país como los bancos manejan los abonos a capital. Como ves, estos abonos no les convienen a los bancos e intentaran frenarte a que los hagas o peor aún en vez de abonar tu dinero a capital, se lo abonan a tus cuotas mensuales y te dicen que no tendrás que pagar la cuota por X meses.

Eso es un error porque recuerda que la cuota se compone de una parte a intereses y otra a capital por lo que adelantar cuotas es adelantarle los intereses al banco, pero sin que baje el saldo de tu deuda. Siempre asegúrate que tu dinero se abone directamente a capital.

También en algunos países puede haber ciertas alternativas que te pueden beneficiar más sobre todo para créditos hipotecarios por lo que si vas a usar un monto importante de tus ahorros para disminuir tus deudas, vale mucho la pena hablar con un experto en las leyes de tu país y en créditos para que puedas aprovechar cualquier alternativa beneficiosa que ofrezca tu país.

¿Te pareció que si vale la pena dedicar algo de tu tiempo a analizar tus deudas? Solo es cuestión de hacerte preguntas sobre tus deudas, poner los valores de entrada en un simulador y ver como cambiaria la situación de tus deudas si haces ajustes.

Esa es la parte de las finanzas personales que quiero enseñarte, las que te empoderan, te hacen querer ser responsable de tu vida y sobre todo que te dejan animado a seguir adelante porque puedes ver el futuro que te espera.

Como siempre lo digo, habrá mejores maneras de hacer las cosas. El buscar una inversión que rinda más que tus deudas para que pague tus deudas esta correcto y lo que dicen esos gurús está bien.

Pero el problema de que las personas adopten las finanzas personales es que a estos gurús como que se les olvidó que cuando ellos arrancaron con este tema, también sentían miedo, tampoco sabían ver las oportunidades de inversión, también se bloqueaban y varias veces habrán abandonado.

Se dedican a mostrarle a la gente lo que ellos hacen hoy que ya están acomodados, tienen experiencia y negocios por todo lado, pero se les olvida empatizar un poco con el que apenas está aprendiendo y tiene miedo.

Yo mismo tuve miedo, yo mismo no sabía qué hacer con mis ahorros teniendo montones de deudas y por estar esperando esos super negocios que hacían los gurús, terminé pagando un tiempo importante de intereses, teniendo la solución en mi cuenta bancaria.

Créeme, todo es un proceso. Esta no es una carrera de velocidad; no estas compitiendo contra otras personas. Si otros avanzan más rápido, en vez de estresarte, felicítalos, bendícelos, y que sean la inspiración para continuar tu proceso. Y si otros van más lentos que tú, ayúdalos y muestrales lo mucho o poco que has hecho. Enseñar a otros es la mejor forma de aprender más.

Así que, si no tienes una mejor inversión en el momento con la que te sientas cómodo, no te sientas mal en ir en contra de lo que todos dicen y utiliza parte de tus ahorros en abonar a tus deudas.

Si te quedas esperando 1 año por esa inversión perfecta, ¿cuánto te cuesta eso en intereses de tus deudas? Adapta todos estos conocimientos a tu realidad. Siempre habrá formas mejores de hacer las cosas, pero no siempre estas formas serán las mejores para nosotros. Cada persona es un mundo. Toma lo que haga sentido para ti y pasa a la acción. Sin acción, nada sucede, sin acción el conocimiento es solo poder en potencia, no poder real.

La carrera no es de velocidad, es de resistencia. La competencia no son los demás, la lucha es contra tus propias creencias limitadoras. Persiste, persiste hasta el final que te aseguro que valdrá mucho la pena.

El Método Bola de Nieve

Algo que sería muy bueno que empezáramos a aceptar es que el tener deudas malas (deudas que se adquirieron para gastar y no para invertir) es un error financiero que hemos cometido.

Muy seguramente lo cometimos por falta de conocimiento, porque nadie nos enseñó sobre el dinero y está claro que en eso no hay culpa; sin embargo, si es nuestra culpa desear tener una vida económica holgada pero no hacer nada para cambiar aquellos hábitos y creencias que nos alejan de ella.

Debemos dejar de normalizar el hecho de que para poder tener lo que queremos tenemos que endeudarnos. Es cierto que en algunos casos seria extremadamente difícil adquirir algunas cosas sin endeudarnos, soy consciente de esa realidad, pero no quiere decir que debamos normalizar eso.

Cuando te digo que mires el tener deudas malas como un error que cometiste, es porque esta mirada, esta forma de ver tus deudas generará en ti un deseo de corregir dicho error. Es una mirada mucho más empoderante que simplemente ver como normal vivir endeudado de mala manera toda la vida.

Por eso quiero mostrarte una metodología para priorizar y pagar nuestras deudas de una forma mucho más efectiva y rápida, que simplemente dedicarnos a pagar las cuotas mínimas.

Descubrirás una metodología sencilla pero muy poderosa que te va a beneficiar mucho a futuro. Como todo cambio no será fácil al comienzo asimilarla, incluso generaras excusas para evitarla y tus creencias limitantes y tu mente que no quiere salir de la zona conocida no querrán que la uses.

Es normal, pero dale una oportunidad, la incomodidad que sentirás ahora al intentar salir de tu zona de conocida, se convertirá en un confort multiplicado y una libertad indescriptible en el futuro cuando seas una persona libre de deudas malas.

Vamos a utilizar el método Snowball o Bola de nieve para llegar a la meta de no tener deudas.

Este método consiste en crear un sistema de pago de deudas donde cada vez más abones a capital a tus deudas para terminar de pagarlas mucho más rápido y así evitarte pagar con tu dinero más intereses.

Supongamos que tienes 5 deudas diferentes que al mes te están quitando $400 dólares para poder pagar sus cuotas mínimas.

Deudas	Cuota Mínima al Mes
Deuda 1	$50
Deuda 2	$30
Deuda 3	$120
Deuda 4	$110
Deuda 5	$90
Total	**$400**

Luego de un tiempo de tener esas 5 deudas no solo habrás pagado intereses con tu dinero, sino que, además, de alguna forma has adaptado tu estilo de vida para vivir sin esos $400 que se te van en el pago de deudas, es decir te has acomodado a vivir con tus ingresos menos $400.

Luego lo que normalmente pasa es que apenas terminas de pagar la primera de esas 5 deudas, ya no tienes que pagar esos $50 dólares y los liberas. Ahora solo tienes que destinar $350 en el pago de tus deudas.

PEROOOOOO, el problema es que apenas liberas esos $50 dólares, estos pasan a ser parte de tu estilo de vida, es decir, te los gastas o peor aún, adquieres una nueva deuda. Así te la pasas en un ciclo infinito cumpliendo tu programación mental de que toda tu vida debes estar endeudado para conseguir lo que quieres.

Con el método bola de nivel vamos a darle una nueva programación a tu mente. Si ya te acostumbraste a vivir sin esos $400:

1. No vas a incrementar tus deudas (ni en cantidad ni en monto).
2. Te vas a ajustar a vivir sin esos $400 hasta que hayas pagado todas tus deudas.

Esto quiere decir que, por ejemplo, si terminaste de pagar la primera deuda y ya no tienes que destinar esos $50 dólares en su pago, este dinero no va a ser para gastar ni para ir recuperando tu estilo de vida anterior, no, esos $50 los va a abonar a capital a la siguiente deuda para terminar de pagarla más rápido.

Es decir, así termines de pagar la primera deuda y liberes una parte de tus ingresos, vas a hacer de cuenta que esa deuda aún existe y que los $50 aún los necesitas para pagar deudas. Mejor dicho, vas a seguir viviendo sin los $400.

Luego, llegará el momento en que pagues la segunda deuda. Ahora tienes libres los $50 de la primera deuda y los $30 de la segunda deuda.

¿Significa que ahora tienes $80 para gastar? NOOOOOOOO. Esos $80 que están libres, vas a hacer de cuenta que aun los necesitas para pagar deudas y se los vas a abonar a capital a la deuda 3.

De esta manera siempre estarás destinando $400 al pago de deudas mientras aún tengan deudas pendientes, y como ya estabas acostumbrado a vivir sin esos $400, pues no te será tan difícil sobrevivir.

Una vez pagues la tercera deuda liberarás en total $200 dólares. ¿Son para gastar? ¡Muy bien! ya sabes que no. ¿Puedes adquirir una nueva deuda ahora que has liberado capacidad de pago? NOOOOOOOOOOOOO. Recuerda que no podemos incrementar las deudas ni en monto ni en cantidad.

Ahora vamos a tomar esos $200 y se los vamos a abonar a capital a la deuda 4. Cuando termines la deuda 4, habremos liberado $310 dólares al mes, los cuales abonarás a capital a la deuda 5 hasta terminarla y felicidades ahora eres una persona LIBRE DE DEUDAS.

Los abonos a capital ejercen un efecto muy poderoso sobre nuestras deudas y muy beneficioso para nosotros. Con el método de bola de nieve, nos aseguramos de que las deudas reciban abonos a capital crecientes y constantes, y de esa manera estaremos libres de deudas mucho más rápido.

Si al método bola de nieve le sumas cualquier abono a capital extra por tu cuenta, lo aceleras todavía más (por ejemplo, con bonificaciones de Navidad, primas legales o aumentos de salario).

Entonces para salir de deudas debo hacer algunos sacrificios, sí, claro que sí, no es fácil. Pero recuerda que estás tomando la situación como un error del pasado que ahora quieres corregir y para corregirlo debes sacrificar algunas cosas por una recompensa mayor.

¿Cuál es esa recompensa mayor? Pues nada más con el sencillo ejemplo anterior, lo primero es que a tu estilo de vida se sumarán de forma perpetua los $400 dólares y como te habías acostumbrado a vivir sin ellos, cuando los tengas libres para ti, te parecerán una bendición.

Lo segundo y más importante es tu libertad. Al no tener deudas, te sentirás menos atado y dependiente de cosas como un empleo o de situaciones como pedirle prestado dinero a alguien o de personas que se creen con derechos sobre ti simplemente porque te prestaron dinero.

Como Se Aplica Bola de Nieve

Vamos a aplicar el método bola de nieve ahora con nuestras deudas.

1. Lista tus deudas

Haz un listado de todas tus deudas teniendo en cuenta a quién le debes, el saldo a la fecha, la tasa efectiva anual de la deuda (si te dan la tasa mensual o nominal, conviértela en tasa efectiva anual EA) y el tiempo restante que le queda a tu deuda. Toda esta información la puedes obtener del extracto bancario de la deuda.

Crea una lista como la del siguiente ejemplo.

A quién le debes	Saldo a la fecha	TEA %	Tiempo Restante Meses	Tiempo Restante años	Total intereses por pagar	
Deuda 1	$26,357	11.8	216	18.00	$35,054	Total que terminaría pagando
Deuda 2	$6,622	13.49	47	3.92	$1,820	
Deuda 3	$1,664	12.9	53	4.42	$496	
Deuda 4	$1,068	30.6	34	2.83	$471	
Deuda 5	$760	30.46	20	1.67	$191	
Deuda 6	$238	30.6	12	1.00	$36	
	$36,709				**$38,070**	**$74,780**

Para calcular los intereses totales por pagar, puedes utilizar cualquier simulador de crédito o descarga una App simulador de crédito. Haz de cuenta que vas a calcular un nuevo préstamo donde el saldo a la fecha es el monto y utiliza la misma tasa efectiva anual y el tiempo restante de la deuda

Dinero que Prestaste al Comienzo de la Deuda	26.357,00
Tasa de Interes Efectivo Anual (%EA)	11,80%
Tiempo Total de la Deuda (Meses)	216
Fecha de inicio de la simulación	26/07/2021

Interes Efectivo Mensual	0,93%
Tiempo Total de la Deuda (Años)	18
Couta Mensual del Prestamo (sin seguros)	284,31
Total que pagarías al final de la deuda	61.411,91
Total que pagarías en solo intereses	35.054,91
% de Intereses sobre Capital Prestado	133,00%

Cuando tengas el valor que pagarías en intereses por cada una de tus deudas, súmalos para que veas lo que terminarás pagando adicional al saldo de tus deudas. Continuando el ejemplo, tenemos deudas por $36.709 dólares, pero solo en intereses terminaremos pagando más de lo que debemos ($38.070). Al final de todas nuestras deudas habremos pagado 74.780

2. **Prioriza tus deudas**

Este paso se trata de ordenar tus deudas en cual pagarás primero, cual de segunda y así hasta la última. Hay 2 formas básicas de priorizar tus deudas según la personalidad de cada uno:

- Si eres una persona muy analítica y lógica seguramente querrás pagar primero las deudas que te están costando más, es decir, las de las tasas más altas. Viendo el ejemplo tenemos que la deuda con la tasa más alta es la deuda 4 con una tasa de 30.6%, luego seguiría la deuda 6, luego la 5, luego la 2, la 3 y finalmente la 1

- Si eres una persona más emocional y requieres victorias tempranas para coger confianza y animarte, lo recomendable sería pagar primero la deuda más pequeña para que veas resultados rápidos y te animes a continuar con el proceso. Según lo anterior el orden de las deudas sería: primero la 6, luego la 5, luego 4, 3, 2, 1

Realmente puedes priorizar las deudas como quieras, lo que importa es que te animes a continuar y no desfallecer hasta ser libre de deudas. Hay personas que las ordenan de menor a mayor tiempo restante también.

3. **Renegociar tus deudas**

Esto es algo que poca gente sabe y todavía menos gente aplica. Cuando tú tienes una deuda, le estás generando un ingreso pasivo a la persona que te prestó el dinero. Los ingresos pasivos son la clave para alcanzar la libertad financiera y ser rico, son muy preciados.

Esto significa que otras personas o entidades quisieran que tu pasaras el saldo de tus deudas con ellas para así ganarse los ingresos pasivos. Es decir, si tienes una deuda con un banco, los demás bancos van a querer comprar tu deuda, para que tú les sigas pagando a ellos.

Para lograr convencerte de que te vayas con ellos, te pueden ofrecer mejores condiciones (tasa, cuota, tiempo) que las que tienes con el dueño actual de la deuda y eso es muy conveniente para nosotros.

Ten en cuenta que no te conviene para nada aumentar el tiempo de tus deudas, pues ya hemos visto lo que cuestan los intereses en el tiempo. Muchos bancos te ofrecen disminuir la cuota y la mayoría de las personas caen redondos en la trampa, porque creen que al mes van a pagar menos. Pero al disminuir la cuota se extiende el tiempo de la deuda, por lo que al final te puede salir más costosa la jugada.

Lo mejor para ti sería una disminución en la tasa de interés. Existen empresas o asesores financieros especializados que te pueden ayudar a negociar tus deudas con las entidades financieras y encontrar las opciones óptimas para ti. Lo importante es que sepas que puedes vender tus deudas a alguien más y que son algo que cualquier entidad quisiera comprar.

Si quieres renegociar las deudas por ti mismo, puedes seguir estos pasos:

- Solicitar a tu acreedor actual refinanciar (disminuir) la tasa de interés. No aceptar cambios de plazo ni disminución de cuota (a menos que tus deudas estén demasiado descontroladas y tu situación sea muy crítica).

- Ir a otras entidades (mínimo a 3) a buscar una compra de cartera. No aceptar ninguna oferta, solo pedir una carta donde certifiquen la nueva tasa a la que te comprarán tu deuda. Solo aceptar disminución de tasa de interés.

- Llevar a tu acreedor actual las cartas de otras entidades con mejores tasas y solicitar que te den una tasa más baja que todos los demás

- No aceptar la oferta de tu acreedor actual. Solicítale una nueva carta con la nueva tasa y esa carta la llevas a las entidades que visitaste previamente. Pídeles a ellos una mejor tasa.

- Repetir el proceso 2-3 veces hasta lograr la mejor tasa posible

Una vez hayas obtenido mejores tasas de interés en tus deudas, actualiza la tabla del punto 1

A quién le debe	Saldo a la fecha	TEA %	Tiempo Restante Meses	Total intereses por pagar	Nueva TEA %	Nuevos Intereses por Pagar	Ahorro
Deuda 1	$26,357	11.8	216	$35,054	9.7	$28,004.00	$7,050
Deuda 2	$6,622	13.49	47	$1,820	12.5	$1,685.00	$135
Deuda 3	$1,664	12.9	53	$496	12.9	$496.00	$0
Deuda 4	$1,068	30.6	34	$471	21	$325.00	$146
Deuda 5	$760	30.46	20	$191	25	$159.00	$32
Deuda 6	$238	30.6	12	$36	20	$24.00	$12
	$36,709			**$38,070**		**$30,693**	**$7,377**

Observa muy bien, solo con renegociar las tasas de las deudas, ya nos ahorramos $7377 dólares, aproximadamente una quinta parte del saldo a la fecha. Esto se debe a que conseguimos una menor tasa de interés sin extender el tiempo de las deudas.

Si alguien te dijera que te va a pagar $7377 dólares porque hagas unas cuantas llamadas y visites unos cuantos bancos averiguando compras de cartera y tasa de interés lo harías sin dudarlo ¿verdad?

Pues bien, eso es lo que te vas a ganar si lo haces para ti mismo, así que sin pena y adelante. Recuerda que cualquier entidad financiera se va a pelear por comprar tu cartera. Tú no vas a mendigar, tú vas a hacer negocios, tú eres el cliente y ellos los necesitados de ti.

4. **Aplicar bola de Nieve a tus deudas ya renegociadas**

Una vez renegociadas tus deudas, vamos a suponer que las priorizaste así: 6, 5, 4, 3, 2, 1

Prioridad	Saldo a la fecha	Tiempo Restante Meses	Nueva TEA	Nuevos Intereses por Pagar	Cuota Mensual
Deuda 6	$238	12	20	$24	21.86
Deuda 5	$760	20	25	$159	45.92
Deuda 4	$1,068	34	21	$325	40.97
Deuda 3	$1,664	53	12.9	$496	40.76
Deuda 2	$6,622	47	12.5	$1,685	176.74
Deuda 1	$26,357	216	9.7	$28,004	251.67
	$36,709			**$30,693**	**$578**

Vemos como necesitamos $578 dólares al mes para cubrir nuestros pagos a deudas (cuotas mínimas).

Pero apenas podamos pagar completamente la deuda 6, que es la primera según nuestra prioridad, estaríamos "liberando" $21,86 dólares, los cuales como ya sabemos, se irían como abono a capital a la siguiente deuda, la deuda 5.

Una vez pagada la deuda 5, liberaremos su cuota de $45,92, los cuales junto con los $21,86 se irán como abono a capital a la deuda 4. Y así seguimos aplicando bola de nieve hasta acabar con todas nuestras deudas.

Recuerda que estás corrigiendo un error de tu pasado que fue endeudarte de mala manera y ahora estás haciendo lo necesario para corregir dicho error.

Cada que tengas dinero extra como una bonificación, destina parte de ésta a abonar a capital y a acelerar la bola de nieve. Corregir este error requiere sacrificios y un sacrificio puede ser que ya no vas a gastar el 100% de tu bonificación de navidad.

Piénsalo de este modo, siguiendo el ejemplo, si tu bonificación de navidad es de $2000 dólares al año y los inviertes en abonar a tus deudas, una vez termines de pagarlas habrás liberado perpetuamente $578 dólares mensuales, es decir que es como si cada 4 meses tuvieras bonificación de navidad y un poco más. ¿No crees que vale el esfuerzo?

Ingresos Extras para Abonar a tus Deudas

Además de manejar tus deudas, hacer abonos a capital, en especial en los primeros meses de vida de las deudas, renegociarlas y aplicar bola de nieve,, existe otro factor que te puede ayudar mucho a acelerar tu meta de no tener deudas y son los ingresos extra. Puedes buscar en internet miles de formas de como generar ingresos desde tu casa. Aquí te nombraré algunas ideas que puedes poner en marcha hoy mismo. Pero ten muy en cuenta que los ingresos extra que recibas serán para abonar a capital a las deudas y no para gastar.

- **Vende lo que no necesites.**

  Dale un vistazo a tu closet, a tu cómoda y cajones del olvido y encuentra cosas que no uses desde hace mucho tiempo. Ropa, tecnología, electrodomésticos, libros, juegos de mesa, videojuegos, consolas, computadores portátiles, celulares, televisores, lo que sea.

  No pienses en que esas cosas te servirán a ti (obvio no te sirven y por eso las tienen abandonadas) si no que piensa que a alguien más sí le pueden servir. Es decir, no las juzgues como si fueras a ser el comprador, tú eres el vendedor.

Tómales fotos y súbelas a portales especializados en artículos de segunda mano (busca en Google, apps para vender ropa usada y saldrán muchas). Que tú no compres ropa usada, no significa que a otras personas no les pueda interesar.

Muchas personas compran cosas de segunda mano y te aseguro que puedes hacer un buen dinero con ellas. Eso sí, no esperes venderlas al mismo precio que las compraste nuevas, obvio no, pero si piensa que es preferible recibir dinero por ellas, así sea poco, que dejarlas guardando polvo y tú con deudas.

Intenta con apps como OLX, MercadoLibre, Closeando, Renueva tu Closet (ropa) o publica tus artículos en redes sociales, únete a grupos de Facebook donde se venden cosas de segunda, o busca en internet alternativas en tu país. Todo vale.

- **Ayúdale a otros a vender lo que no necesitan y cobra comisión**

Una vez hayas aprendido la dinámica de vender tus artículos usados por internet puedes ofrecer tus servicios a tus familiares y amigos. Coméntales que pueden hacer buen dinero deshaciéndose de lo que nos les sirve y que tú puedes ayudarles con el proceso. Pregúntales cuánto esperan recibir por el artículo y trata de venderlo más caro y te ganas la diferencia o pacta un % de la venta final para ti.

- **Lluvia de ideas**

Invita a familiares y amigos y reúnelos ya sea en tu casa o por videoconferencia y pídeles que te den ideas sobre cómo generar ingresos. Las mejores ideas son las que no requieran dinero inicial, se implementen rápido y generen buenos ingresos. De este ejercicio pueden salir cosas como por ejemplo pasear perros los fines de semana. Aunque no lo creas es un trabajo que deja muy buenas ganancias. Podrías enfocarte en gente mayor de la tercera edad que ya no puede estar sacando a su perro al parque 3 veces al día y tu podrías ayudarles y ganar dinero por ello.

Palabras Finales del Paso 3

Vivimos endeudados porque nunca nos enseñaron a manejar bien la deuda. Por el contrario, nuestra mente fue programada para gastar y vivir endeudada. Lastimosamente así nos educaron, ese fue el ejemplo que recibimos de nuestros padres, maestros, líderes religiosos y demás figuras de autoridad cuando éramos pequeños.

Se nos quedó grabado en nuestra mente que la única forma de conseguir las cosas que queremos era a través de la deuda mala. Eso sumado al sentido de urgencia e inmediatez de la voraz sociedad de consumo actual, creó una gran confusión en nuestra mente: "Quiero todo ya, pero como no me alcanza, tengo que endeudarme para conseguirlo". Ese pensamiento no podría estar más equivocado, pero lastimosamente así crecimos.

Sin embargo, no quiere decir que nos tengamos que morir con dicho pensamiento. Claro que podemos cambiarlo y claro que está dentro de nuestras posibilidades el llegar a ser libres de deudas y financieramente libres y mucho más.

Que para algunos es más fácil que para otros, sí. Que algunos nacieron con ventaja, sí. Ya lo he mencionado algunas veces, yo sé que el pobre no es pobre porque quiere. En algunos países la situación para muchas personas es muy difícil y aplicar todo esto requerirá un esfuerzo inimaginable debido a la falta de oportunidades.

Pero todos estos principios no fueron pensados solo para los que ya tenían dinero, están al alcance de todos en distintas proporciones y están allí para que los pongamos en práctica.

Hace falta también un poco de voluntad y de fe de creer que podemos cambiar nuestra realidad así sea un poco.

Si crees que es imposible para ti ser una persona libre de deudas, empieza por programar en tu mente este mensaje: "***Si tengo deudas, debo dejar de gastar y endeudarme más y ese dinero lo usaré para reducir mis deudas actuales***".

Con esa nueva programación, así no creas que puedes ser una persona libre de deudas, habrás dado el gran paso de no seguir cavando más hacia el fondo del problema. Solo con eso, con no aumentar tus deudas actuales y acomodar tu estilo de vida, ya en algún momento, (el tiempo de tu deuda más larga) las pagaras todas.

Recuerda que los intereses de tus deudas en el tiempo pueden costarte incluso más que el mismo saldo de la deuda. Así como los abonos a capital son claves para que dejes de pagar tanto en intereses, el no adquirir nuevas deudas lo es aún más.

Soy consciente que para algunas personas es muy difícil adquirir cosas sino se endeudan. No todos tienen para comprar tu casa o apartamento de contado, es una realidad.

Pero esa necesidad de casa propia, ¿te has preguntado de donde salió? Si quiera has evaluado si sale más caro o barato pagar arriendo y más bien la cuota inicial de tu casa, invertirla a los 20 años que duraría tu hipoteca, que comprar una casa propia con hipoteca a 20 años.

Te sorprendería saber que muchos ricos no tienen casa propia. No viven en casas lujosas, ni llevan estilos de vida como nos ha mostrado Hollywood. Ellos alquilan la casa que más les guste en cada momento. Su dinero esta invertido y sus deudas son solo deudas buenas para seguir invirtiendo y trabajar con el dinero del banco.

Nadie es pobre porque quiere, pero si de algo si somos culpables todos (y no solo en lo financiero sino en cualquier aspecto de la vida) es en asumir como verdad absoluta las creencias que tenemos y nunca cuestionarlas.

Por más que creas que no puedes comprar nada si no es endeudándote, esa es solo una creencia más. Podrías alquilar donde vivir en vez de comprar casa propia, es solo un ejemplo y no siempre es lo mejor para todo el mundo, dependerá de cada situación. No digo que sea fácil, ni sencillo nada de esto, solo digo que cuestiones tus creencias constantemente, porque éstas no son verdades absolutas, son solo creencias que tienes.

Si tienes deudas malas en este momento, míralas como un error que debes corregir y para corregir ese error que cometiste en el pasado, ahora debes hacer sacrificios. Al final todo valdrá la pena porque al ser libre de deudas, disminuyen también enormemente las ataduras en tu vida.

Quise crear esta parte del libro más como una inspiración que como una enseñanza. Me refiero a que mi intención con este Paso no era solamente mostrarte una metodología para pagar más rápido tus deudas, sino mostrarte que si es posible un futuro sin deudas malas. Espero tomes esto como un reto personal, como una meta para tu vida financiera y para tu vida personal, y persistas en llegar a ser una persona libre de deudas malas.

La libertad de no tener deudas no solo es una libertad económica, sino una libertad que abarca muchos más aspectos de la vida. Al no tener deudas malas te sentirás menos atado a un empleo que no te gusta. O menos dependiente de una familia controladora que quiera decidir como debes vivir tu vida solo porque te ofrece apoyo económico. O vivirás con menos pena y estrés al no deberle dinero a nadie.

En fin, vivieras mucho más tranquilo y en paz. Esa es una mirada del futuro que quiero transmitirte. Si es posible ser libre de deudas. Requiere sacrificios, sí, pero vale 100% la pena.

4. Aprendiendo a hacer Tu Primera Inversión

Aprende a Ahorrar mucho dinero pagando tus Deudas

Un principio básico de las finanzas personales es que nuestro dinero debe rendir más que la inflación para que no pierda su poder adquisitivo. Tenerlo en la cuenta bancaria o en productos financieros que rindan menos que la inflación es un error, pues nuestro dinero se devalúa año tras año.

Sin embargo, nos da miedo sacar nuestro dinero del banco y ponerlo en alguna inversión porque podríamos perderlo. Tal vez alguna experiencia pasada, o la de algún amigo o familiar nos sembró el miedo de perder nuestro dinero. Pero este miedo nos está frenando en nuestra meta de ordenar nuestras finanzas personales y en nuestra meta de alcanzar la tranquilidad financiera.

¿Te has preguntado donde invierte la gente que tiene mucho dinero?

Siempre nos imaginamos gracias al cine que las personas con dinero son tiburones de Wall Street y todo su dinero está en la bolsa o que poseen muchísimos bienes raíces, edificios, rascacielos, empresas, etc. Vemos todo eso como un mundo inalcanzable para nosotros.

Y claro en parte es verdad, la gente que posee mucho dinero tiene inversiones en acciones y bienes raíces, pero también en muchos otros lugares. Lo interesante de todo es que muchas de esas opciones de inversión no son exclusivas de quienes tiene mucho dinero, sino que existen algunas que nos permiten hacer parte con poco dinero.

¿Qué tal poder invertir en muchas de las cosas en las que invierte gente que tiene mucho dinero, pero con un riesgo mucho más controlado?

Vamos a hablar de los famosos fondos de inversión, en los cuales, en la mayoría, pueden invertir las personas sin importar la cantidad de dinero que tengan y son una excelente opción para iniciarse en el mundo de las inversiones.

Los Fondos de Inversión

¿Qué es un fondo de inversión? Imagina que quieres invertir en unas bodegas modernas en una zona franca en tu ciudad, pero la inversión mínima es de 1 millón de dólares y nosotros solo tenemos $2000. Estamos como lejos de lograrlo. Pero si consiguieras 500 personas y cada uno pusiera $2000, tendríamos entre todos 1 millón de dólares y podríamos invertir.

Es eso es un fondo de inversión colectiva, un producto que reúne capitales de diferentes personas, los administra y los invierte en diferentes oportunidades de negocio y luego reparte las ganancias proporcionalmente a los aportes de cada uno de los integrantes, luego de cobrarles una comisión.

Es importante y crucial que el fondo en el que vayas a invertir esté estrictamente regulado por la superintendencia financiera de tu país y sea auditado constantemente por entes reguladores para garantizar transparencia. Los fondos de pensiones voluntarias generalmente están muy bien regulados y además tienen beneficios fiscales por lo que son una muy buena opción entre el universo de fondos a escoger.

Una de las ventajas de poner tu dinero en un fondo de inversión es que el fondo toma las decisiones sobre en donde poner a rendir tu dinero y diversifica tu inversión para reducir riesgo, es decir, no pone todos los huevos en una sola canasta.

Los fondos pueden invertir en acciones, bonos, CDT, energía, materias primas, bienes raíces, etc. La desventaja de los fondos es que también puedes perder dinero si el mercado va mal, aunque las perdidas solo se hacen efectivas si retiras tu dinero

Para saber qué tipos de fondos son para ti, existen 3 tipos de perfiles generalizados de usuarios de fondos:

Bajo riesgo o conservador: Son personas que les importan mucho no perder dinero y se conforman con pocas ganancias con tal que su dinero esté seguro.

Riesgo Medio o moderado: Son personas que pueden tolerar algunas pérdidas con el fin de obtener mejores rendimientos a futuro.

Riesgo Alto o agresivo: Son personas que pueden tolerar pérdidas grandes o muy grandes pensando en que también pueden obtener ganancias muy grandes, generalmente en el largo plazo.

Para cada uno de estos tipos de perfil de riesgo existen fondos que se acomodan mejor a cada uno de ellos. Para el perfil de bajo riesgo o conservador, existen fondos de bajo riesgo que invierten en instrumentos financieros muy seguros como CDTs o básicamente renta fija (donde sabes de antemano cuanto rendimiento vas a tener), donde el riesgo de perder es muy bajo. Lo malo es que generalmente no van a rendir más que la inflación.

Para el perfil moderado existen fondos que ya no solo invierten en renta fija, sino también ponen parte del capital en renta variable (acciones, divisas, mercados emergentes, etc.) Sin embargo, distribuyen los recursos de tal manera que el riesgo de perder sea moderado y así puedes obtener ganancias en el mediano-largo plazo.

Finalmente, los fondos agresivos ponen un gran porcentaje de los recursos en renta variable y así como pueden ganar mucho, pueden perder mucho. Aunque generalmente en el largo plazo el capitalismo siempre va creciendo y genera ganancias.

Como Funciona el Mercado

El mercado de valores es un tipo de mercado de capitales en el que se negocia la renta variable (No sabes de antemano cuanto obtendrás de rentabilidad) y la renta fija (sabes de antemano cuanto obtendrás de rentabilidad) de una forma estructurada.

Te voy a explicar rápidamente cómo funciona el mercado. El mercado vive ciclos. En algunos momentos es alcista, es decir, es creciente, todo el mundo quiere comprar porque hay bastante dinero, y todo va subiendo de precio y tus inversiones igual crecen.

Luego viene un ciclo bajista o decreciente, recesiones económicas, escasez de dinero, los precios bajan porque no hay quien compre, etc. y también tus inversiones bajan de valor y puedes ver pérdidas. Sin embargo, esa es la naturaleza del mercado, nunca irá siempre hacia arriba y nunca irá siempre hacia abajo.

El siguiente gráfico del índice S&P500 (las 500 empresas más grandes de EE.UU.) muestra cómo el mercado va subiendo y luego cae, luego vuelve y sube, luego vuelve y cae, y así. Sin embargo, gracias al capitalismo, el mercado en una macro foto siempre va creciendo. El mercado ha sobrevivido guerras mundiales, crisis y depresiones económicas y aún está con nosotros. No hay crisis que sea eterna ni bonanza que dure para siempre; pero el capitalismo de alguna u otra manera continúa adelante.

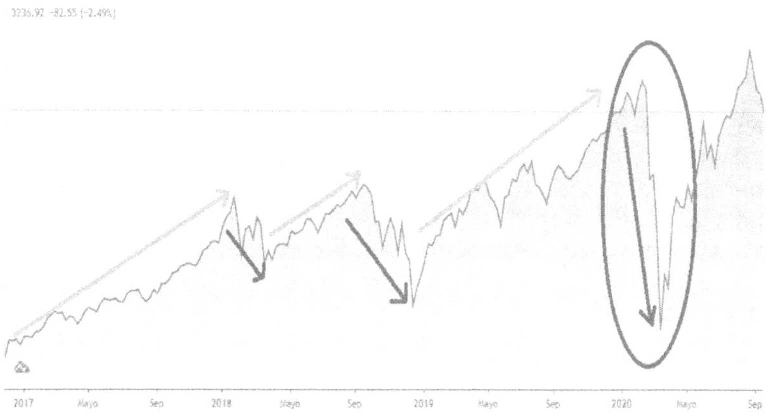

Observa cómo en marzo 2020 hay una caída supremamente profunda del mercado. Esta fue la crisis por el coronavirus o el covid-19 y mira como antes de ese evento, el mercado había crecido mucho más de los que había decrecido.

Con mi esposa teníamos dinero en diversos fondos de inversión de riesgo moderado y alto y estábamos felices con el dinero que estaban generando en todo el 2018 y el 2019. Cuando llegó febrero 2020 los fondos por primera vez dieron pérdidas, pero ya en marzo 2020 las pérdidas eran enormes. Para que te hagas una idea, en febrero los fondos perdieron un 9% del valor que había en enero 2020. En marzo la cifra había aumentado al 24%. Casi ¼ del dinero había "desaparecido".

Te preguntarás por qué desde que vimos las pérdidas de febrero no retiramos nuestro dinero. Porque ya sabíamos de la dinámica del mercado. Ninguna crisis dura para toda la vida, ni ninguna alza dura para siempre.

Una vez vimos que en febrero 2020 las pérdidas fueron del 9%, retirar nuestro dinero en ese momento implicaba hacer efectiva dicha pérdida. Es decir, al sacar el dinero del fondo, recibiríamos menos de lo que inicialmente invertimos, así que nos mantuvimos. En marzo el mercado volvió a probar nuestra fortaleza con esas pérdidas del 24%. De hecho, muchísima gente alrededor del mundo salió de sus posiciones en el mercado asustados por las pérdidas y por la posibilidad de tener más pérdidas en el futuro y que sus cuentas quedarán en cero.

Mi esposa y yo nos mantuvimos, obvio con incertidumbre y pusimos un tope máximo hasta cual podremos aguantar pérdidas antes de retirarnos. No te voy a decir que tenemos nervios de acero ni nada, pero la misma organización de nuestras finanzas, nos permitía estar tranquilos. Obviamente a nadie le gusta perder dinero, pero ya entendíamos que es parte del proceso.

Cuando llegó abril 2020 el mercado empezó a recuperarse y a partir de allí volvió a subir fuertemente largo tiempo. Nuestros fondos recuperaron todo el dinero que habían perdido y en agosto 2020 volvimos a tener otra vez lo mismo que teníamos en enero 2020 antes de la crisis del coronavirus.

Como nunca retiramos el dinero, nunca asumimos ninguna pérdida. Pero la gente que en marzo se retiró, obtuvieron menos dinero y no se dieron la oportunidad de recuperar las pérdidas, las asumieron.

Obvio da miedo, pero cuando tienes información y nutres tu inteligencia financiera estás un poco más preparado para tomar decisiones y ya no lo haces por pánico o euforia. Hoy en día nuestros fondos de inversión han generado muchas ganancias. Si quieres saber mucho más sobre este tema, el libro Dinero: Domina el Juego de Tony Robbins es excelente.

Como Escoger un Fondo de Inversión

Si todo esto de los fondos de inversión es nuevo para ti, no te asustes. No vas a tener que aguantar viendo como tu dinero desaparece en la siguiente crisis esperando que el mercado vuelva a crecer ni nada. Arranquemos despacio y seguro.

Puedes empezar ingresando a la página web de tu banco e investigar qué fondos de inversión tiene disponibles. Generalmente todos los bancos ofrecen fondos de inversión. Cuando encuentres la sección de fondos de inversión, busca los fondos que ofrecen y escoge cualquier que te llame la atención.

Lee la información que te da el banco sobre ese fondo y luego busca su **ficha técnica**, que no es más que un documento, generalmente en PDF que podrás descargar, donde está toda la información técnica del fondo. Algo como esto:

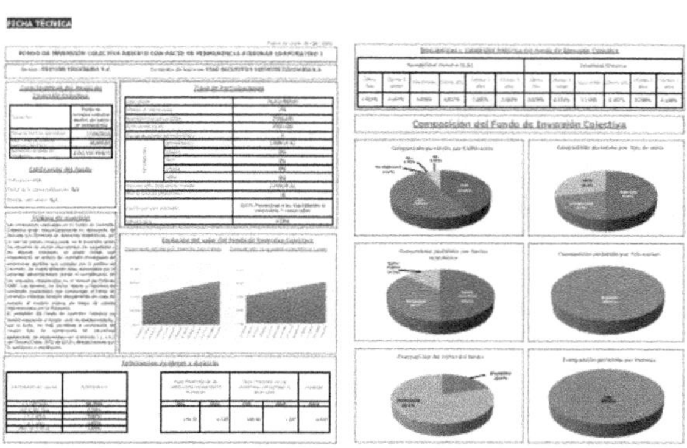
FICHA TÉCNICA

Composición del Fondo de Inversión Colectiva

En alguna parte de ese documento deben aparecer las rentabilidades del fondo y su volatilidad. La rentabilidad de un fondo nos indica cuando ha rendido en promedio el dinero en ese fondo en el tiempo que se calculó. La volatilidad es simplemente una manera de medir el riesgo. Nos indica cuánto ha fluctuado la rentabilidad del fondo.

Los datos que nos interesan para nuestro análisis son la rentabilidad del último año y la volatilidad del último año. En caso de que no las tengas, puedes buscar la de otros periodos, lo importante es que tanto la rentabilidad como la volatilidad sean del mismo periodo.

Teniendo la rentabilidad y la volatilidad en la ficha técnica, vamos a calcular el **índice Sharpe**, es decir la relación entre la rentabilidad y la volatilidad. Un fondo puede rendir mucho, pero si su volatilidad es muy grande o mayor a su rentabilidad, podríamos llegar a tener pérdidas y eso no es lo que queremos con nuestros ahorros, muchísimo menos ahora que apenas estamos empezando y ganar confianza es vital.

El índice Sharpe se calcula así:

$$\frac{(\text{Rentabilidad} - \text{Tasa libre de riesgo del país})}{\text{Volatilidad}}$$

La rentabilidad y la volatilidad del fondo deben estar en el mismo periodo de tiempo. Lo ideal son las del último año. La tasa libre de riesgo del país la puedes encontrar en internet para tu país y sino busca cual es el interés efectivo anual que paga un certificado de depósito a término o CDT a 3 meses.

Ejemplo 1:

Rentabilidad Histórica (E.A.)					
Último Mes	Últimos 6 meses	Año Corrido	Último año	Últimos 2 años	Últimos 3 años
5.912%	6.447%	6.634%	6.837%	7.201%	7.502%

Volatilidad Histórica					
Último Mes	Últimos 6 meses	Año Corrido	Último año	Últimos 2 años	Últimos 3 años
0.079%	0.131%	0.118%	0.102%	0.148%	0.128%

Rentabilidad último año: 6.837%

Volatilidad último año: 0.102%

Tasa riesgo país: 2.037%

$$\text{Índice } Sharpe = \frac{(6.837\% - 2.037\%)}{0.102\%} = 47.05$$

Ejemplo 2:

Rentabilidad último año: 25%

Volatilidad último año: 38%

Tasa riesgo país: 2.037%

$$\text{Índice } Sharpe = \frac{(25\% - 2.037\%)}{38\%} = 0.60$$

Vemos como en el primer ejemplo, el índice sharpe es bastante superior a 1, es decir, que la rentabilidad está muy por encima de la volatilidad o lo que es lo mismo, que la volatilidad casi no afecta a la rentabilidad del fondo. Podríamos decir que es muy estable.

En el ejemplo 2 tenemos el caso contrario. El índice sharpe está por debajo de 1, lo que significa que la volatilidad es mayor a la rentabilidad y la afecta en gran medida.

Nosotros para iniciar nos vamos a enfocar en fondos con índice sharpe superior a 1 y la forma fácil de identificarlos es que tengan una rentabilidad bastante superior a la volatilidad o que la volatilidad sea muy baja.

Ejemplos:

Si la rentabilidad promedio de un fondo es del 10% y su volatilidad del 8%, haciéndolo simple quiere decir que en algún momento de ese periodo la rentabilidad estuvo en el 18% (10%+8%) y en otro momento llegó a caer al 2% (10%-8%). Es decir, este es un fondo que podría rendir hasta el 18%, pero también caer hasta un 2% en promedio. Lo bueno es que en el peor caso igual estamos en positivo.

Si la rentabilidad de un fondo es del 20% y su volatilidad es del 35%, el fondo puede llegar a rendir un 55% que es genial, pero también podría llegar a rendir un -15% que significa pérdidas.

Encontrar los Mejores Fondos de Inversión

Buscando los mejores fondos de inversión para iniciar:

Ten a la mano el dato de inflación de tu país y la tasa libre de riesgo.

Busca varios fondos en diferentes entidades financieras y fiduciarias en tu país. Encuentra sus fichas técnicas y busca la rentabilidad del último año o de los últimos 3 años y descarta de una vez aquellos con una rentabilidad menor a la inflación

Calcula el índice sharpe a cada fondo que pasó el filtro del punto 2, con la información de rentabilidad y volatilidad que tengas disponible en sus respectivas fichas técnicas.

Descarta todos los fondos cuyo índice sharpe sea inferior a 1. No quiere decir que los fondos descartados sean malos o buenos, solo que no son los adecuados para iniciar en este momento.

De los fondos que pasaron el filtro del punto 4, toma su rentabilidad del último año (o la del periodo disponible) y súmale la volatilidad. Luego en un cálculo aparte, réstale la volatilidad

Ejemplo: encontraste 2 fondos que pasaron los filtros.

Fondo 1		Fondo 2	
Rentabilidad =	12%	Rentabilidad =	35%
Volatilidad =	5%	Volatilidad =	19%
Rentab + Volat =	17%	Rentab + Volat =	54%
Rentab - Volat =	7%	Rentab - Volat =	16%
$\text{Índice}\ Sharpe = 1{,}99$		$\text{Índice}\ Sharpe = 1{,}73$	

¿Cuál escogerías? Si analizamos el fondo 1 podemos ver que en su mejor momento pudo llegar a rendir un 17% y en su peor momento un 7%. Nada mal, no da perdidas.

Si analizamos el segundo, vemos como en su mejor momento llegó a rendir un 54% y en su peor momento un 16%. ¿Qué nos dice eso? Pues que el fondo 2 por más mal que le fue, rindió casi lo mismo que el fondo 1 en su mejor momento, por lo tanto, es mucho mejor el fondo 2; así sea más volátil, vale la pena correr el riesgo.

Recuerda que el índice sharpe mide la relación entre la rentabilidad y la volatilidad, mas no significa que un fondo con el índice sharpe más grande que otro sea el que mejores rendimientos da. Entre más grande sea el índice sharpe, lo que nos dice es que la volatilidad afecta menos a la rentabilidad, es decir, sería difícil que en un mes tengamos un gran rendimiento y al otro mes una gran perdida.

Ponte en contacto con la empresa dueña del fondo y pide más detalles y condiciones de vinculación. Es muy importante que averigües sobre el tiempo de permanencia mínima del dinero.

Algunos fondos solo te piden tener el dinero mínimo 30 días, otros pueden retener tu dinero por 2 años antes de poder retirarlo junto con las ganancias. La idea por ahora que estás empezando en no amarrar mucho tiempo tu dinero, no más de 6 meses. A menos que de verdad no lo vayas a necesitar en mucho tiempo y el fondo a largo plazo rinda muy bien.

Extras

Por favor ten en cuenta que el comportamiento de los fondos cambia constantemente. Es muy recomendable que hagas seguimiento periódico a tus fondos. No te preocupes, no es tan complejo y hasta podrías disfrutarlo.

Aquí se sugiere realizar el cálculo del índice de Sharpe con la rentabilidad y volatilidad del último año, pero si tienes información de años anteriores, sería bueno que también lo calcules para otros años para que veas como ha sido el comportamiento a largo plazo del fondo y si el último año refleja un comportamiento consistente con años anteriores o en dicho año pasó un evento de gran magnitud en el mercado que pudo distorsionar el cálculo (como por ejemplo el Covid-19)

Por otro lado, algunas empresas que tienen diversos fondos te ofrecen portafolios, es decir, ellos reparten tu dinero entre diferentes fondos que tengan. Tu dinero queda super diversificado entre fondos de alto, medio y bajo riesgo, a la vez fondos que invierten en acciones, renta fija, divisas, bonos, materias primas, de todo.

Puedes solicitarle al asesor que te envíe las rentabilidades y las volatilidades promedio del portafolio como un consolidado y hacerle el análisis como si fuera otro fondo normal cualquiera.

Muchas veces pasa que en esos portafolios hay fondos muy buenos y otros malos que dañan la rentabilidad general. Sin embargo, al asesor le pagan por conseguir poner recursos en todos los fondos y puede que no esté velando por tus intereses sino por su comisión, tenlo en cuenta.

Puede que te resulte mejor tú mismo distribuir el dinero entre dos o más fondos que hayan pasado tu análisis. Pero inicia despacio, con un fondo bueno y cada mes le vas enviando parte de tu ahorro y vas viendo en los extractos la rentabilidad del mes.

Palabras Finales del Paso 4

Espero que este paso dedicado a la inversión te haya aportado muchas cosas nuevas. No es fácil digerir todo esto sobre todo cuando nos tienes mucha experiencia.

Tu mente, que no quiere dejarte salir de la zona conocida o zona de confort, te intentará hacer creer que todo esto es demasiado esfuerzo y no vale la pena, que mejor mantengas tu dinero en la cuenta de ahorros que es más fácil y ya, que igual la inflación es bajita solo pierdes unas pocas monedas y no pasa nada.

No caigas en su trampa. Precisamente por no prestarle atención desde antes a estos temas es que las personas viven añorando una tranquilidad financiera, pero no han podido organizar sus finanzas.

Obviamente hay muchos más factores, por supuesto que no los voy a desconocer, pero si vives añorando la tranquilidad o la libertad financiera pues debes saber que tanto la inversión para generar ingresos pasivos, como reducir tus gastos son variables clave y debemos prestarles atención.

Como siempre digo, esta no es la única forma de hacerlo. Siempre habrá alternativas mejores, pero te quise presentar una forma fácil y sencilla de iniciar en este mundo de la inversión a través de los fondos.

Ten siempre en cuenta que tu aquí estas construyendo a largo plazo. No esperes volverte millonario en 1 mes. Puede pasar que inicies en un fondo de inversión hoy y al mes el fondo tenga saldo negativo (lo tratamos de minimizar escogiendo fondos con índice sharpe mayor a 1, pero puede pasar), es normal, así que monitorea tus inversiones, pero ten siempre en cuenta que vas a largo plazo. Veras como con el tiempo empezaras a ver las bondades del interés compuesto y los resultados de tu persistencia.

5. Adopta un Estilo de Vida Frugal

Descubre como una Vida más Simple te hace más Feliz

¿Alguna vez te has preguntado para que quieres tener dinero? ¿Qué está detrás de tu deseo de tener dinero?

Así ahora te pueda parecer raro o difícil de creer, la mayoría de las personas no buscan realmente el dinero, sino lo que creen que el dinero les puede ofrecer: Poder, libertad, abundancia, tiempo libre, influencia, importancia, estatus social, respeto, admiración, acompañamiento, etc.

El dinero es un medio para un fin. Puede que no lo veas ahora si tienes muchos problemas económicos, pero si te detienes a pensarlo un momento, seguramente encontraras unas razones más profundas y significativas que crees el dinero te puede ayudar a conseguir.

Uno de los problemas a los que nos enfrentamos en nuestra vida financiera es el hecho que nuestras expectativas pueden estar muy desfasadas de la realidad. El cine y la televisión nos implantaron la imagen del rico billonario con mansiones, yates, autos deportivos, y demás lujos.

Así que nosotros creemos que para poder ser ricos debemos tener esas mismas cosas. Por eso vemos el ser rico y la libertad financiera como un deseo agradable de lograr algún día, pero que si no lo logramos no pasa nada. Y eso pasa porque no nos creemos capaces de tener todos esos lujos con nuestra situación económica actual.

Pero ¿sabías que no necesitas el yate, la mansión, el Ferrari para ser financieramente libre? Esa es solo una creencia más y una muy limitante porque nos pone la meta tan lejana que no podemos verla y no sabemos ni como empezar a la conseguirla y se queda como un simple deseo.

Resulta que la libertad financiera está mucho más cerca de lo que creemos y depende casi que de nosotros mismos el momento para conseguirla. No estoy diciendo que es fácil obtenerla, estoy diciendo que es mucho más posible de lo que tu creías, pero obviamente requerirá mucho esfuerzo y trabajo de tu parte dependiendo de lo que quieras.

Pensamos que el camino hacia la libertad financiera solo es a través de incrementar nuestros ingresos, pero descubrirás que no se trata de cuanto ganes, sino de como administras. Siempre nos hemos enfocado en los ingresos como el medio para riqueza y libertad financiera, y claro que hacen parte de la ecuación, pero también existe otra variable igual o más de importante y son los egresos.

Descubramos juntos como administrar, controlar nuestros egresos y adoptar un estilo de vida frugal, es el camino que nos puede acercar enormemente a ese sueño de libertad financiera.

Que es La Frugalidad

¿Habías escuchado la palabra frugalidad? La frugalidad es un estilo de vida donde optimizas los recursos que tienes, a través de la sencillez, el ahorro y el consumo eficiente.

Por el contrario de lo que las personas creen saber sobre la frugalidad, ésta no es para nada igual a tacañería, la cual solo simboliza y atrae escasez, mezquindad y ruina.

Ser frugal significa gastar de forma eficiente, es decir, no desperdiciar recursos, vivir sin deudas y sin la necesidad de aparentar tener lo que está fuera de tus posibilidades en este momento, consumir lo que realmente necesitas y sobre todo valorar tu tiempo. Recuerda que el tiempo es un recurso invaluable que no se puede comprar con ninguna cantidad de dinero.

La frugalidad es de lo que hemos estado hablando, no comprar cosas que no necesitas, mucho menos si esas cosas terminan sin usar en la basura; no vivir más allá de tus posibilidades, es decir, no endeudarte para aparentar; ahorrar para luego tener con qué invertir; y en general, optimizar tus recursos ahora, en pro de un mejor futuro, un futuro sin ataduras.

La frugalidad es entonces disfrutar el valorar cada segundo de tu tiempo de vida y todas las cosas en las que los puedes invertir que te hagan feliz. Como ves aquí no se habla de ser tacaño ni de escasez. Tampoco dice que solo está al alcance de ricos excluyendo a los pobres ni viceversa. La frugalidad es solamente un estilo de vida que cualquiera puede adoptar.

Pensarás entonces que si eres frugal no puedes disfrutar de todos los placeres de la vida. No es así. Los placeres de la vida son muchísimos. Necesitamos muchas vidas para conocerlos todos. La frugalidad se enfoca en optimizar tus recursos para disfrutar los placeres de tu vida, para dedicarte a lo que te da felicidad verdadera.

Además, nunca he dicho que la frugalidad tenga un límite. Nunca he dicho que si en tu cuenta bancaria tienes 1 millón de dólares ya no eres frugal. Deja de compararte con otros y enfócate en ti. A medida que se expanda tu inteligencia financiera, harás de la frugalidad tu estilo de vida y en cada nueva etapa podrás seguir siendo frugal con los nuevos recursos que dispones.

Es decir, tú puedes lograr la libertad financiera con ingresos pasivos mensuales de 500 dólares si administras tus gastos para que no sobrepasen esos 500 dólares.

Una vez logres eso, perfectamente puedes aspirar a más. Continúas trabajando (vendiendo tu tiempo por dinero) para lograr generar ingresos pasivos de 1.000 e incrementar tu estilo de vida.

Luego podrías querer todavía más y aspiras a ingresos pasivos mensuales de 10.000 dólares y trabajas por ello, acomodas tu nuevo estilo de vida y logras la libertad financiera. Y así podrías seguir hasta que tú quieras. El límite lo pones tú.

Cuanto es Suficiente

Para entender mejor el estilo de vida frugal y cómo podemos incorporarlo, vamos a analizar el dinero que gastamos versus la satisfacción que obtenemos pasando por 3 etapas: **sobrevivir, estar cómodo y adquirir lujos**

Para sobrevivir necesitamos realmente muy poco dinero. Si cayéramos en una situación de desgracia donde no tuviéramos fuentes de ingresos, ni ahorros, pero sí deudas y gastos, seguramente ajustaríamos de algún modo nuestro estilo de vida para sobrevivir con muy poco dinero.

Por más problemas que tengamos, el sobrevivir con muy poco nos daría una gran satisfacción, "al menos pasamos este mes". Obviamente durante el mes hubo estrés, angustias y sentimientos negativos, pero al final sobrevives. También aplica cuando consigues tu primer empleo y decides irte de la casa de tus padres a hacer tu vida. Al comienzo te toca sobrevivir si no tienes a nadie que te ayude económicamente.

Una vez que hemos dejado de sobrevivir y nuestra vida está un poco estable económicamente hablando, empezamos a gastar dinero en ciertas cosas que nos dan comodidades y nos vamos sintiendo más satisfechos.

Por fin empiezas a ver los frutos del esfuerzo que haces, sea en tu empleo o en tu emprendiendo o en lo que sea que te genere una fuente de ingresos. Compras el TV que querías, ya que no tenías, compras muebles, cambias la cama, etc. Todas estas cosas reflejan cómo vas progresando en lo que haces y son muy satisfactorias.

Entre más progresas en tu vida profesional o laboral, empiezan a aparecer en ti nuevas necesidades que antes no tenías y gastas más dinero tratando de satisfacerlas. Seguramente cuando estabas sobreviviendo, un TV pequeño te parecía una maravilla porque ni siquiera tenías uno, pero ahora ya quieres un TV curvo de 85 pulgadas para poder ver tus series en 8K y una barra de sonido 3D para completar tu propio teatro en casa.

Son solo nuevas necesidades que salen por el momento que estás viviendo en tu vida, y te genera mucha satisfacción cuando puedes decir que antes no tenías nada, y ahora tienes tu propio teatro en casa o que antes tenías que tomar el autobús para ir a trabajar y ahora puedes conducir tu propio automóvil.

Mira como estos lujos cambian realmente tu calidad de vida, la mejoran, y eso genera mucha satisfacción. Hasta allí estamos bien, hasta allí podemos decir, de cierto modo, que hemos gastado bien el dinero, porque nos ha generado comodidad, bienestar y satisfacción.

Lo que realmente no sabemos es que la satisfacción logra un pico respecto al dinero que gastamos y luego empieza a decrecer; es decir que, a partir de un punto, gastar más dinero, nos empieza a dejar menos satisfechos. Por más que tu digas que adoras el dinero, llega un punto en que las cosas que puedes comprar con él ya no te van a dar el mismo grado de satisfacción perdurable en el tiempo.

De lo anterior es que salió la errónea idea de que el dinero no compra la felicidad. El dinero si puede facilitarte la felicidad. Como no te vas a sentir feliz cuando logras vivir con tu familia en la casa de tus sueños, cómo no te vas a sentir feliz al decirle a tus padres "muchas gracias por todo lo que hicieron por mí, déjenme yo les pago el resto de su hipoteca y disfruten de su casa propia". Como no te vas a sentir feliz al poder pagarle a un niño enfermo un tratamiento de $2.000 dólares y que él o ella te agradezca que le hayas salvado su vida con un dibujo hecho con sus manos.

Cómo no vas a sentir felicidad si vives tu ideal de vida brindándote a otros y tu dinero puede mejorar la calidad de vida de otras personas. Para mí, con estos actos que podemos hacer por otros, el dinero sí que nos puede dar felicidad. Sin embargo, el problema está cuando somos egoístas y gastamos el dinero en cosas innecesarias, cuando la curva de la satisfacción empieza a decrecer.

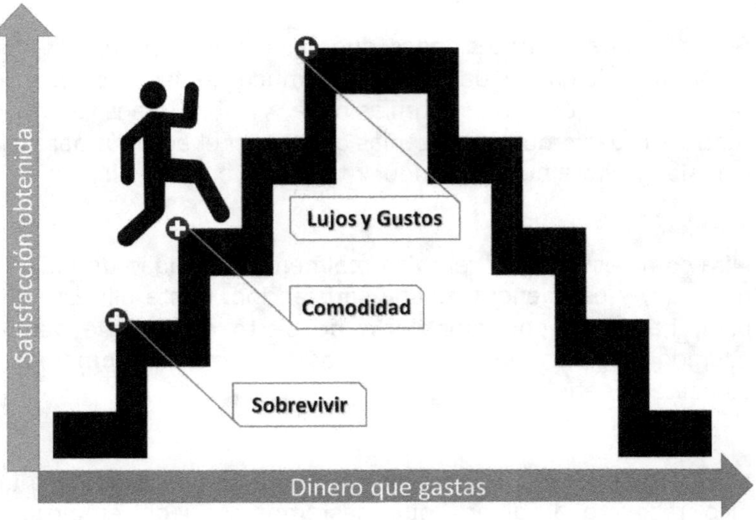

¿Cuándo decrece la satisfacción?

Cuando tenemos suficiente y queremos más. Trata de recordar cuando compraste tu primer TV. El mío fue uno de 42 pulgadas que en ese tiempo era gigante y ni siquiera era un Smart TV; la satisfacción que me generó fue enorme. Era el primer electrodoméstico que yo compraba con mi propio dinero.

Luego compré mi primer Smart TV que me permitía conectarme a internet, ver Youtube y demás y todo fue mucho más cómodo. Me sentía importante con mi compra y muy satisfecho. Cuando mi salario aumentó un poco más y por aprovechar una "promoción" compré un Smart TV de 60 pulgadas, teniendo otros 2 televisores en casa. Vendimos el más viejito para hacerle espacio al TV de 60 pulgadas en la sala y tener un TV en el cuarto. Digamos que ese TV fue un lujo, no lo necesitábamos mucho, pero que bien se sentía ver TV en una pantalla 4K de 60 pulgadas.

Sin embargo, después tuvimos la oportunidad de comprar un TV curvo de 65 pulgadas a un muy buen precio. Yo me imaginé que pasaría si lo hubiera comprado. Obvio lo pondría en la sala y el de la sala habría que mover todo el cuarto principal para poder acomodarlo por su tamaño. Luego el TV del cuarto no había dónde ponerlo. Seguramente habría que guardarlo. ¿Cuál crees que fue el TV que más satisfacción me dio al comprarlo y cuál sería el que menos me daría?

Yo creo que el sentimiento que tuve al comprar mi primer TV (que ni era Smart) ha sido incomparable, mientras que comprar el TV de 65, se sentiría muy parecido a cuando compré el de 60, de hecho, es menor porque todos los cambios que hubiera tocado hacer ese apartamento le restarían satisfacción. Además, tener la tarjeta de crédito endeudada ahora que sabemos sobre inteligencia financiera y conocemos lo que cuestan los intereses, también van a restar satisfacción.

Pero ¿por qué pasa todo esto? Simple, porque eso que compramos no lo necesitábamos realmente, porque ya teníamos suficiente por el momento y aun así gastamos de más.

Entonces, ¿nunca podemos renovar nuestras cosas ni aspirar a tener mejores cosas? No he dicho eso. Depende del momento de vida de cada persona, depende de si lo que vas a comprar va a mejorar tu calidad de vida en alguna forma o solo lo estas comprando por gastar. Tú eres el que puede decidir. Si ese TV curvo de 65 pulgadas hubiera mejorado en algo mi calidad de vida en ese momento, hubiera sido una buena compra que me llenaría de satisfacción. Pero como en ese momento de mi vida, no me iba a aportar nada, entonces fue mejor no gastar el dinero.

Mira este otro ejemplo. En un edificio donde yo vivía, mucha gente trabajaba desde casa y solo hay un proveedor de internet, es decir todos teníamos wifi del mismo proveedor. Yo no sabía, pero el wifi trabaja en 2 bandas: 2.4Ghz y 5Ghz. Pues resulta que nuestro proveedor solo maneja routers con la banda de 2.4Ghz y como yo vivía en la mitad del edificio, pues alcanzaba a captar las redes wifi de todos los vecinos y entre todas esas redes hacen interferencia y navegar por internet conectado a través de wifi se hacía imposible. Tanto así que me tocaba conectar mi computador portátil al router por cable y era bastante incómodo.

Buscando soluciones, encontré que podía comprar un router que manejara la banda de 5Ghz para wifi. Si no vemos el contexto, pues para que comprar un router si el proveedor de internet nos da uno, pero con la problemática que tenía, el nuevo router fue una bendición. Fui el único que todo el edificio que estaba en la banda 5Ghz, la tenía para mí solo, sin nadie que hiciera interferencia y mi wifi era casi tan rápido como navegar conectado por cable. Ya trabajaba super cómodo desde cualquier lugar de mi apartamento, sin cables. El comprar el router mejoró mi calidad de vida y más satisfecho no podía estar.

Que tal yo habiendo comprado el TV curvo de 65 pulgadas que no necesitaba, más el TV de 60", más el que quedaría guardado y en ninguno de los 3 podía ver series en línea porque el wifi del proveedor de internet hacia interferencia. ¿Te queda más claro ahora?

Ejemplos hay muchos. En el caso de las mujeres es muy común que gasten mucho dinero en ropa y zapatos (obvio no todas lo hacen, pero en general es una tendencia). ¿Quién les dijo que no se pueden dejar ver con el mismo vestido 2 veces en el mismo mes? ¿Quién les dijo que debían tener un par de zapatos exclusivo para cada vestido?

Y lo siguiente va tanto para hombres como para mujeres: Nadie es tan importante como para que todo el mundo esté pendiente si repite un vestido o una camisa en el mes o en la semana. Y si creen que hay gente tan desocupada como para estar pendiente de cómo se visten los demás, con lo que ahora sabes, ¿de verdad te interesa estar rodeado de gente así? ¿Te interesa su opinión o amistad?

No llenes más de ropa un closet que ya está lleno, más bien, busca qué cosas podrían mejorar tu calidad de vida y cómpralas. De eso se trata, no es tacañería, es optimizar recursos. Ahora si tu closet está lleno de ropa que no usas y quieres renovarlo, vende primero lo que no uses para liberar espacio, o dona ropa en buen estado a fundaciones o gente que realmente la necesite, antes de comprar ropa nueva.

Ser frugal significa gastar de forma eficiente valorando así tu tiempo de vida

La Frugalidad como Estilo de Vida

Como ya habíamos dicho, la frugalidad es un estilo de vida y hay que cultivarlo como tal.

Creo que la mejor forma de explicártelo es con una historia propia. Antes, cuando mi esposa y yo no llevábamos el registro de nuestros gastos, creíamos vivir de acuerdo con nuestras posibilidades. Salíamos cada fin de semana a cine, a comer, nos dábamos gustos, mercábamos, pagamos las deudas y las obligaciones, etc.

Una vez yo renuncié a ese trabajo que no me gustaba, no quería dejar el peso de sostener el hogar solamente en manos de mi esposa, pero yo no sabía hacer nada más, había sido empleado toda mi vida.

Mientras encontraba algo, me decidí a aprender finanzas personales con el objetivo de reducir al menos mis gastos, pues yo era el que había tomado la decisión de renunciar y afectar económicamente a la familia. Una de las primeras cosas que incorporé fue anotar mis movimientos de dinero. Yo estaba motivado porque no quería ser una carga para mi esposa.

El hecho fue que le fui encontrando sentido a todo el tema de finanzas personales y de que a través de ellas podría lograr unos sueños que antes parecían imposibles y cada vez más las empecé a incorporar en mi vida.

Cuando empezamos a anotar nuestros movimientos financieros en una App, encontramos cosas aterradoras. La peor de todas era que gastábamos más de 1.000 dólares en comida al mes. En Mercado para 2 personas, sin hijos, sin mascotas y que además mi esposa almorzaba en la empresa donde trabajaba, era de más de 500 dólares al mes y el resto para completar los 1.000 eran salidas a comer.

Pero solo hasta allí no pasa nada. Tú te puedes gastar lo que quieras en comida y salidas a comer, es tu dinero. Para algunas personas esas cifras pueden parecer incluso poco. El problema nuestro era que la comida que comprábamos al ir a mercar se vencía y la teníamos que tirar a la basura.

Nuestro problema era que mercábamos como para no tener que salir nunca a comer por fuera y a la vez salíamos tanto a comer por fuera como si no mercáramos. ¿Ves el problema tan grande? Estábamos gastando prácticamente el doble, pero no éramos conscientes.

Antes de anotar nuestros gastos, nosotros si veíamos con pesar como teníamos que sacar del congelador pacas enteras de jamón vencido porque no nos lo alcanzábamos a comer; veíamos como teníamos que tirar el pan tajado casi entero porque se vencía y ya no era comestible y ni modo de regalárselo a alguien.

Nosotros veíamos eso y nos sentíamos mal. Pero como igual no teníamos la cifra en la cabeza de lo que eso nos costaba, el pesar duraba poco y el ciclo se repetía. "igual dentro de un mes nos vuelve a llegar el salario".

Para que te hagas una idea esos 1000 dólares que gastábamos solo en comida eran más o menos unas 4 veces el salario mínimo de mi país, donde la mayoría de las personas empleadas viven con solo un salario mínimo y nosotros nos gastábamos 4 salarios mínimos solo en comida, sin ser conscientes de ello.

Pero cuando vimos que la gracia costaba 1.000 dólares al mes que era más de la mitad de mi salario anterior, allí sí que nos asustamos. No podíamos creer que se nos fuera tanto en mercado. ¿Como era posible gastáramos tanto en comida?

Es decir, ver la comida perderse nos daba pesar y nos sentíamos mal un rato, pero como que nuestras mentes no reaccionaban. Pero al ver ya la cifra que gastábamos en comida y el porcentaje que representaba de nuestros ingresos si fue totalmente alarmista. No había forma de no prestarle atención a ese gasto.

Decidimos pues corregir esta fuga de dinero y en poco tiempo lo logramos. Pasamos de gastar 1.000 dólares en mercado y salidas a comer a solo 450 dólares. Y así recuperamos 550 dólares. Decidimos aplicar esto mismo con otras fugas de dinero que teníamos y logramos recuperar otros dineros por allí.

Pero lo realmente importante fue, ¿Nos volvimos tacaños? ¿Por querer ahorrar dinero dejamos de disfrutar la vida? NO. A nosotros nos gustaba los fines de semana ir a desayunar a un sitio famoso de la ciudad, no era barato y más que la comida, que era muy buena, era un espacio en pareja para hablar relajados de cosas.

Financieramente hablando era mejor hacer nuestro propio desayuno en casa, salía más barato, pero como ya ahorrábamos tanto y dejamos de desperdiciar dinero en forma de comida vencida que tirábamos a la basura, pues incluso ya íbamos a desayunar a ese sitio los sábados y los domingos cada semana y no nos sentíamos para nada culpables. Convertirnos esos desayunos en nuestra recompensa por el esfuerzo hecho durante la semana en organizar nuestras finanzas personales.

De hecho, nuestro estilo de vida mejoró muchísimo al empezar a cuidar más nuestro dinero. ¿Por qué? Porque, así como con la comida liberamos 550 dólares, de las demás categorías de gastos también salvábamos dinero. Entonces ahora no solo podíamos ahorrar y trabajar en nuestras metas, sino que además podíamos darnos gustos y ciertas recompensas y no nos sentíamos culpables, nos sentíamos bien.

Ya no gastábamos el dinero en cosas que no necesitábamos como comida en exceso que terminaba en vencida en la basura, o acumular ropa o cosas por intentar tapar una frustración; sino que salíamos a cenar, una escapada romántica, cosas más significativas y que nos hacían más felices.

¿Qué tal esto del estilo de vida frugal? ¿Lo habías visto o te lo habían enseñado de este modo? Si viste yo no me enfoqué mucho en los ingresos en esta historia, sino en la administración del dinero. Obvio los ingresos son importantes y uno debe aspirar siempre a ganar más. El problema es que, generalmente, cuando las personas incrementan sus ingresos, les da por incrementan sus gastos al instante, incluso en una proporción mayor al incremento de ingresos.

Te lo explico con otra historia.

Antes de saber todo eso, yo vivía muy frustrado con mi salario en esa época. Creía que yo trabajaba mucho y aportaba mucho, pero me reconocían económicamente muy poco. Luego de luchar y luchar y no conseguir un amento, renuncié a ese empleo diciendo que otra empresa me había ofrecido más (lo cual era mentira). Ahí si se sorprendieron y me ofrecieron un aumento del 20% para que no me fuera. (como decimos en Colombia: "me salió el cañazo").

Obvio me puse feliz con mi nuevo aumento y de las primeras cosas que hicimos fue comprar carro y comprar un apartamento nuevo. Ambos a crédito. La cuota del carro eran 650.000 pesos mensuales (unos 175 dólares) y la cuota de la hipoteca del apartamento era 1.300.000 mensuales (unos 350 dólares). Mi aumento de salario solo fue de 1.000.000 pesos (unos 270 dólares), pero adquirí nuevas deudas cuyas cuotas mensuales sumaban 1.950.000 pesos (525 dólares).

Las nuevas deudas eran casi el doble del aumento de salario. Sin embargo, estos números nunca los hicimos, nunca lo analizamos de este modo (que si lo ves es un análisis muy simple).

Tu pensaras que es lógico que cuando uno cambia de cargo o le aumentan los ingresos, debe aumentar también nuestro estilo de vida y comodidades. Para eso es el dinero, para disfrutarlo. Yo te pregunto, ese pensamiento, por más lógico que te suene, ¿a dónde te ha llevado? ¿Te ha acercado a tu meta de libertad financiera o solo ha sido la excusa para poder darte caprichos?

Si tú meta trabajar toda la vida para pagar deudas, pues ese pensamiento es válido. Pero si tu vives añorando el día en que no tengas que trabajar más, pues ese pensamiento de derrochar el dinero genera una inconsistencia que no somos capaces de ver.

Mi esposa y yo no vivíamos mal en ese entonces. Obvio siempre uno quiere vivir mejor y el carro y el apartamento era nuestra forma errónea de mostrarle al mundo que estábamos progresando. Así nos educaron, a que, si incrementan tus ingresos, ya puedes gastar más y darte más gustos.

Perfectamente nosotros hubiéramos podido haber seguido viviendo unos años más sin el carro y en el apartamento anterior, manteniendo nuestro nivel de gastos y deudas igual, pero con el aumento de ingresos completico para ahorrar e invertir. No lo hicimos así, porque esa programación no estaba en nuestra mente en esa época, nunca nadie nos la enseñó.

Así que revisa si a ti te ha pasado lo mismo. Probablemente si, y ya no te culpes por lo pasado. Pero si tenlo muy en cuenta para la siguiente vez y no sigas cometiendo el error que comete la mayoría, que al incrementarse sus ingresos, de una incrementan sus gastos (sin necesidad) incluso en mayor medida que el incremento de ingresos.

Que Implica Ser Frugal

Ser frugal involucra algunos comportamientos y estados que debes incorporar en tu vida:

- No tener deudas
- Valorar tu tiempo
- Gastar de forma eficiente
- No gastar en cosas que no necesitas ni te aportan bienestar perdurable
- Ahorrar siempre un % de tus ingresos
- Llevar el registro de sus movimientos de dinero

No hay un orden específico para hacer estos cambios en tu vida financiera, pueden empezar por el que quieras y hacer algunos primero o todos a la vez, como sea más cómodo para ti.

- Una de las primeras cosas que debes hacer es definir un lugar para tus ahorros. Crea un bolsillo virtual o crea otra cuenta bancaria pero que tenga cero costos de mantenimiento y cero costos por transferir entre tus cuentas. De tu próximo ingreso, vas a separar mínimo el 10% y lo mandas a ese bolsillo y vas a hacer de cuenta que ese dinero no existe. Si puedes automatizarlo, mejor aún. Ponte el reto de sobrevivir el mes sin ese dinero. Estoy seguro de que lo lograrás.

- Lista todas tus deudas y encuentra los intereses que tendrás que pagar por cada una de ellas. Esas cifras te motivarán a querer renegociar la tasa de tus deudas y hacer abonos a capital para cancelarlas más rápido.

- Construye tu propio presupuesto ajustado a tu vida, que haga sentido para ti. Define las categorías y mes a mes registra todos los movimientos de dinero que tengas. Haz los ajustes necesarios hasta que encuentre las categorías que hacen sentido en tu vida, los topes y subcategorías si aplican.

- Inicialmente trata de empezar a ajustarte a la regla 10-20-70 que nos dice: el 10% de tus ingresos los vas a ahorrar para luego invertirlos. El 20% de tus ingresos son para pagar deudas y abonos a capital. El 70% restante será para mantener tu estilo de vida. Una vez hayas pagado tus deudas, ese 20% que se libera debe pasar a ser parte de tu ahorro y no de tus gastos. Una vez domines esta dinámica, puedes empezar a distribuir tu dinero más detalladamente como separarlo entre inversiones, fondo de emergencia, fondo de retiro, donaciones, vacaciones, estilo de vida, proyectos o como tú quieras. Pero mientras acostumbras tu mente a este proceso, puedes empezar con la regla 10-20-70 fácilmente.

- Intenta reducir tus gastos lo más que puedas. Si tienes deudas, el dinero que rescates de tus gastos, abónalo a capital a tus deudas.

- Vive de acuerdo con tus posibilidades económicas mientras logras tranquilidad financiera. No vivas de las apariencias. Si estas aparentando vivir por fuera de tu capacidad económica solo retrasaras llegar a tu meta. Vistiendo ropa de marca que no necesitas, o comprarte a crédito un carro o apartamento muy costoso para tus ingresos, o teniendo una vida social de derroche; nada de eso te acerca a tus metas financieras. El querer la libertad financiera y a la vez querer vivir de apariencias es casi una contradicción. Esos gustos claro que te los podrás dar cuando alcances tu tranquilidad financiera y seguramente cuando la logres ya no te interesará aparentar sino vivir una vida real, haciendo lo que te gusta al lado de los tuyos.

- Busca en tu casa todas las cosas guardadas que no usas y véndelas. Busca en internet en cuanto se están vendiendo objetos iguales o similares y gana dinero y espacio en tu casa. Ese dinero abónalo a tus deudas y si no tienes deudas, incrementa tus ahorros.

- Crea estrategias sencillas para mantener el dinero a tu lado (sin decir que te vas a volver tacaño). Siempre antes de ir a mercar, crea una lista de las cosas que necesitas y limítate a ella. Cuando llevas a una lista puedes saber aproximadamente cuento te costara el mercado (no tiene que ser exacto ni te compliques con eso), pero lo más importante de la lista es que no te deja que empieces a poner en tu carrito de compras antojos esporádicos ni comida en exceso que luego se va a vencer sin darte tiempo que la consumas. No te imaginas la cantidad de dinero que eso te ahorra.

- Otra estrategia sencilla es con tu ropa. Cuando comencé a trabajar desde casa por mi cuenta, vi que la ropa que necesitaba para vestir era otra. Ya no necesitaba camisa, corbata, pantalón formal, sino camisetas, sudaderas, pantalonetas, zapatos cómodos, ropa cómoda de estar en casa. No solo ahorré dinero al no tener que volver a comprar trajes si no que me di cuenta de que la ropa de casa no tiene que ser de marca, ¿para qué? Muchas marcas reconocidas venden la ropa de estar en casa que yo necesitaba, pero muy cara. Era más importante para mí ordenar mis finanzas que comprarme una pantaloneta de 100 dólares. Así que me di a la tarea y encontré un almacén deportivo (yo no soy para nada deportista) donde vendían este mismo tipo de ropa (de marcas poco conocidas) y super baratas. Compré unas pocas prendas al comienzo, sobrevivieron la primera lavada, y listo. Ahorré todavía más dinero. Hoy en día aun compro algunas prendas en ese almacén.

- Antes de gastar en algún gusto pregúntate ¿Qué pasa si no lo compro ahora mismo? Si no pasa nada, evita comprarlo. Recuerda que el dinero es para gastarlo en cosas que mejoren tu calidad de vida, den significado a tu vida o la hagan más prospera o en tu propósito de vida. Si lo que vas a comprar es solo algo más del monto que ya tiene en casa, estarás gastando por gastar y eso va en contra se ser frugal.

- Recompénsate por cada paso importante que des en este proceso. No todo puede ser sacrificio y ser frugal no se trata de ser miserable o no ser feliz. Todo lo contrario. A medida que avances en tu estilo de vida frugal, toma un espacio para recompensarte. Por ejemplo, si rescataste algún dinero renegociando tus deudas o vendiendo cosas que no usas, toma un porcentaje de ese dinero y date un premio que te guste o haz un pequeño viaje de placer.

- Disfruta el proceso. El esfuerzo que estás haciendo ahora es una acción real en pro de esa tranquilidad financiera que tanto añoras. Solo que ahora si estas tomando acción real, ya no es solo un deseo, ahora estas trabajando en hacerlo realidad.

Palabras Finales del Paso 5

¿Conocías el termino frugalidad? ¿lo habías escuchado antes? Es bien interesante porque nos ayuda a destruir esa creencia tan limitante de que si ordenas tus finanzas personales te vas a volver un tacaño.

Ser frugal está muy lejos de ser lo mismo que ser tacaño. Ser frugal significa gastar de forma eficiente valorando así tu tiempo de vida. Recuerda que el dinero representa nuestro tiempo de vida. Una cantidad de dinero representa el tiempo que tuviste que dedicar a tu trabajo para gar ese dinero; tiempo que pudiste invertir en hacer otras cosas que te hicieran más feliz. Derrochar el dinero es derrochar tu tiempo de vida.

Por el contrario, cuando gastas el dinero de forma eficiente, estas valorando tu tiempo de vida. Si, tuviste que trabajar un tiempo determinado por ese dinero, pero lo que estas comprando con él, te devuelve bienestar, te brinda alegría perdurable en el tiempo, mejora tu calidad de vida, te acerca más a tus metas; eso es valorar tu tiempo de vida.

Espero que esta sea la oportunidad para haber sembrado en tu mente el querer adoptar un estilo de vida diferente, que si valore tu tiempo de vida y que te ayude a lograr todas las metas que te propongas. Sé que así será.

Maneja tus Tarjetas de Crédito como un Rico

Conviértelas en tus Mejores Aliadas Financieras

Los seres humanos nos motivan primitivamente 2 cosas:

- Alejarnos del dolor
- Acercarnos al placer

Nos acercamos a todo lo que nos genere placer y huimos de todo lo que nos genere dolor. Ese es nuestro comportamiento primitivo que incluso hoy en día aun nos domina. Y nos domina en todos los aspectos de la vida, no solo en las finanzas.

Como tal esto no es un problema en sí, pero los seres humanos, en su mayoría, somos cortoplacistas, es decir, no solo queremos placer, sino que lo queremos ya.

Parecería que lo anterior no suena tan mal, incluso suena normal. ¿Qué de malo tiene querer más rápido lo que te da placer? El problema radica en que la mayoría de las veces, un pequeño placer a corto plazo implica un dolor mucho más grande a largo plazo, pero, aun así, seguimos prefiriendo el pequeño placer instantáneo.

Ejemplos hay muchos:

Un drogadicto que sabe que su adicción le destruye la vida, que lo sumergirá en sufrimiento junto con su familia, pero aun así consume solo por el placer momentáneo e inmediato que le generan dichas sustancias.

La persona con obesidad que sabe que sus hábitos alimenticios le traerán graves consecuencias para su salud en el futuro, pero no es capaz de rechazar ese postre tan delicioso después de cenar.

El fumador que consume 3 cajetillas de cigarrillos al día, aun cuando tiene muy claro que el fumar le va a generar serios problemas en sus pulmones y en su salud en el largo plazo.

Y si te preguntabas que tiene que ver esto con las finanzas personales y las tarjetas de crédito, el ejemplo de la persona que sabe que no tiene dinero para comprarse un TV de 70 pulgadas porque tiene ya muchas deudas, no gana lo suficiente, pero usa su tarjeta de crédito para comprarlo aun sabiendo que luego sufrirá por estar ahogado en deudas.

Como ves, acercarnos al placer y huir del dolor son solo comportamientos primitivos que incluso muchos animales también tienen, pero al mezclarnos con esa necesidad de inmediatez, se convierten en todo un problema de autocontrol.

Preferir un pequeño placer momentáneo e inmediato incurriendo en un gran sufrimiento a largo plazo no tiene mucho sentido. Y a pesar de no tener sentido, la mayoría de los seres humanos funcionamos así.

Lo anterior también funciona a la inversa. Huimos de un pequeño dolor momentáneo e inmediato que nos podría hacer ganar un placer duradero mucho mayor en el largo plazo.

Por ejemplo:

Prefieres ver series todo el fin de semana que dedicarte a mejorar tu curriculum (hoja de vida) y actualizar tus datos en plataformas de búsqueda de empleo para tener oportunidades de cambiar ese empleo que tienes y que te hace quejarte tanto y te amarga la vida.

Se te hace más fácil seguir trabajando en lo que ya haces y dominas así no te guste, que incomodarte un poco dedicando tu tiempo libre a aprender alguna nueva habilidad que te pudiera ayudar más adelante a darle ese giro que tanto deseas a tu carrera profesional. Y luego te sigues quejando que no tienes oportunidades de salir de ese trabajo.

Se te hace difícil cambiar tu alimentación e incorporar una dieta saludable y prefieres seguir comiendo deliciosa comida chatarra, que tener una buena salud cuando tu cuerpo ya no sea tan fuerte y vivir muchos años más disfrutando la vida.

Como ves, los seres humanos tenemos un problema del que pocas veces somos conscientes:

Preferimos al placer momentáneo e inmediato así este tenga como consecuencia un gran sufrimiento en el largo plazo. Y a la vez, huimos de dolor o incomodidad momentáneo e inmediato así sepamos que a largo plazo nos traerá un gran placer y muchos beneficios para nuestra vida. Sufrimos de "***inmediatez crónica***".

¿Qué que tiene que ver todo esto con las tarjetas de crédito? Pues que las tarjetas de crédito son el acolito perfecto de la inmediatez crónica. Que mejor que una tarjeta de crédito para tener ya algo que sabes que no tienes dinero para comprarlo.

Vamos a aprender cuales son las formas en que no debemos usar las tarjetas de crédito y no dejarnos llevar por la inmediatez crónica y cuál sería la forma correcta de usarlas y de aprovechar todos los beneficios que tienen para nosotros.

La Prueba del Malvavisco

En 1972, Walter Mischel, un psicólogo austriaco realizó este experimento para medir como la gratificación retardada está relacionada con la capacidad de autocontrol, es decir, nuestra paciencia a la hora de esperar por nuestros deseos; así como también la importancia del control de estímulos en el éxito, tanto académico como emocional y social. Sus estudios se extendieron por más de 14 años.

El experimento del malvavisco consistía en los siguiente:

A un grupo de niños (16 niñas y 16 niños entre 3 y 6 años) se les llevaba individualmente a un cuarto y se les sentaba en una mesa donde había un malvavisco. Se le decía al niño o niña que, si podía aguantar 15 minutos sin comerse el malvavisco, al final le darían uno adicional.

El investigador salía de la sala y dejaba al niño frente a la golosina mientras observaba desde afuera y a los 15 minutos volvía. Si los niños podían aguantar por 15 minutos la tentación de comerse 1 malvavisco, luego podrían comer 2.

¿Qué pasó durante el experimento?

Algunos niños, inmediatamente quedaban solos, se comían el malvavisco. Otros intentaron resistir, pero al final cedían a la tentación y lo comían y otros lo tocaban, lo olían, trataban de no mirarlo o incluso se alejaban un poco del malvavisco y lograban aguantar la tentación y lo dejaban intacto. Estos últimos fueron los que ganaron un segundo malvavisco y al final comieron 2.

¿Cuál fue el resultado?

El resultado inmediato fue que solo poco menos de la tercera parte de los niños obtuvo un segundo malvavisco, es decir, pudieron resistir la tentación y esperar la recompensa mayor.

Pero lo realmente interesante fueron los resultados a largo plazo. Tras 14 años de seguimiento de los niños que pasaron por el experimento, Mischel descubrió que aquellos que se mostraron más impulsivos y no fueron capaces de esperar, tenían más baja autoestima y no manejaban bien la frustración.

Por otra parte, los niños que habían logrado los 2 malvaviscos eran personas socialmente más competentes y con mayor éxito académico. También eran menos propensos a mostrarse agresivos y a mostrar una reacción exagerada si se ponían ansiosos.

Varios años después, Mischel descubrió también que los niños que habían logrado esperar por el segundo malvavisco, aparte de ser más exitosos, mostraban menos predisposición a la obesidad.

Sobre los niños que no pudieron esperar y obtuvieron la recompensa rápida, Mischel dijo que los hallazgos sugerían que la incapacidad para retrasar la gratificación puede tener efectos negativos potenciales bastante importantes.

¿Qué salió de todo este estudio?

Mischel y sus colegas plantearon que en nuestra mente conviven una especie de 2 sistemas que denominaron el "Hot System" y el "Cool System". El hot system es emocional, rápido, impaciente, irreflexivo y lo potencializa el estrés; mientras que el cool system es lento, reflexivo, más cognitivo que emocional y se debilita por el estrés. Básicamente cuando está más activo el hot system, los estímulos nos controlan. Pero cuando esta más activo el cool system, nosotros somos los que controlamos los estímulos.

¿Es posible entrenar la capacidad de demorar nuestro placer en pro de un placer mayor en el largo plazo?

Una niña durante el experimento logró aguantar la tentación de comer el malvavisco creando una imagen abstracta de la golosina. En su mente ella le puso un marco al malvavisco y lo veía como si fuera una foto. De ese modo pudo repetirse a sí misma "No me puedo comer una foto".

Según Mischel si podemos cultivar y desarrollar la capacidad de retrasar la gratificación con la ayuda de nuestro cool system, dándole a nuestro deseo inmediato una imagen abstracta. Mischel puso esto a prueba consigo mismo. Era un fumador empedernido y sabía muy bien las consecuencias de fumar en el largo plazo, pero aun así lo hacía.

Hasta que un día en un hospital vio en una camilla a un hombre dormido con el torso descubierto y unas "X" de color verde dibujadas en su pecho. Era una imagen deprimente. Una enfermera le dijo que las "X" era donde apuntarían la radiación para tratar el cáncer el pulmón producido por adicción al tabaco.

Esa escena fue tan intensa que desdibujo la imagen que él tenía de los cigarrillos como una solución rápida para el estrés y le permitió cambiarla por una imagen que representaba los cigarrillos como pequeños tubos de veneno que lo llevarían a que le dibujaran esas "X" verdes en su pecho algún día. Así logro superar su dependencia al cigarrillo.

Retrasa la Gratificación

Retrasar la gratificación básicamente quiere decir que no harás lo que deseas hacer en este momento hasta que hayas trabajado en pro de tus metas antes. Esto generará una mayor sensación de éxito para ti y por ende mayor motivación en continuar trabajando por tus objetivos.

No hagas lo que quieres hacer antes que trabajar en tus metas. Primero deberías hacer lo que tengas que hacer para acercarte a tus objetivos y luego podrás recompensarte haciendo aquello que deseas hacer. Debes enseñarle esto a tu cerebro y es tan básico como el siguiente dialogo interno con tu mente: "*si trabajas por tus metas, habrá una recompensa esperándote. Enfócate en las metas y podrás gratificarte*".

A pesar de que decirlo es fácil, en la realidad es bastante complejo de lograr, puesto que nuestro cerebro siempre quiere gratificaciones inmediatas. Nuestra mente es tan compleja que desea la gratificación inmediata pero cuando se la damos sin habérnosla ganado, mientras la disfrutamos estamos preocupados pensado que deberíamos estar trabajando en nuestros objetivos o haciendo algo más productivo.

¿No te ha pasado? Tienes por continuar por ejemplo un libro sobre algún tema importante para tu futuro desarrollo personal o profesional y cada que lo ves te sientes culpable por haberlo comprado y no terminar de leerlo. Sin embargo, cada que tienes un tiempo libre que podrías dedicar a la lectura, prefieres ver alguna serie en la TV. Pero mientras ves la serie, una parte de ti está pensando que deberías estar leyendo el libro y no estás del todo tranquilo disfrutando tu serie. Pues bien, esa es una consecuencia de no retrasar la gratificación.

Caes en el ciclo de la procrastinación. Te siente culpable por no hacer lo que debes, entonces te deprimes. Luego te sientes mal por no poder hacer lo que debes y procrastinas. Luego mientras estas procrastinando, vuelve y te sientes culpable por no hacer lo que debes y así en un ciclo indefinido.

Sin embargo, por más sentido que hagan estas palabras, esto no disminuye la dificultad de incorporar la capacidad de retrasar la gratificación en nuestras vidas.

Es necesario entonces entrenar a nuestra mente. Tal como lo recomienda Marisa Peer, autora experta en el tema, para salir de este ciclo debes trabajar mucho tu dialogo interno. Dile a tu cerebro:

- "Este ciclo de procrastinación no está funcionando para mi"
- "Si supuestamente procrastinar me haría feliz, no me siento feliz ahora, esto no está funcionando, debo pasar a la acción"

Además, empieza a entrenar tu mente con tareas sencillas. Las recompensas igualmente pueden ser cosas sencillas: Un café, un jugo de naranja, una golosina, una cena, una película, salir, etc.

Haz una tarea pequeña y luego recompénsate así la recompensa parezca minúscula. Crea un hábito. Al comienzo esta acción será consciente (por obligación), es decir, te obligaras a hacer la tarea antes que recibir la recompensa. Con el tiempo ya lo harás automático (por convicción).

Una vez llegue la hora de recompensarte, disfruta exageradamente la gratificación que te has ganado. Hazle creer a tu mente que la recompensa es mucho más placentera para ti de lo que en realidad es. La mente al fin y al cabo cree todo lo que le digamos. Muéstrale a tu mente que vale la pena esperar por las recompensas.

¿Has escuchado eso de que la gente no valora las cosas por las que no les ha tocado luchar? Cuando le entregas a alguien algo ya hecho, es decir, esa persona no tuvo que hacer ningún esfuerzo, ni lucha, ni tuvo que retrasar su gratificación, lo que va a pasar es que esa persona no va a valorar eso que le entregaste. ¿Por qué? Porque le robamos a esa persona la oportunidad de luchar por sí misma, el deseo de hacer algo, de lograr su propia gratificación.

Lo que importa no es el logro en sí, sino el deseo de luchar por ese logro, vivir el proceso te hace sentir bien. Ya luego puedes darte el tiempo de disfrutar la gratificación que te has ganado.

Así que, para empezar a cultivar la capacidad de retrasar la gratificación, utiliza tu dialogo interno. Repítete varias veces al día todos los días: "*Trabajaré primero en este objetivo y luego me daré esta recompensa y la disfrutaré mucho más*". Cuando sabes que te has ganado algo, lo disfrutas mucho más.

Si, yo sé que este capítulo es sobre administrar nuestras tarjetas de crédito, no te preocupes, no me he olvidado; sin embargo, quise explicarte muy bien una de las causas de por qué a pesar de que sabemos que la tarjeta de crédito tiene un interés muy alto, sabemos que terminaremos pagando mucho más por los productos, aun así, las seguimos usando de mala manera y nunca nos interesamos en aprender a administrarlas. Eso lo vamos a cambiar.

Como NO Se debe Usar las Tarjetas de Crédito

Así como a la mayoría de nosotros nunca nos enseñaron sobre el dinero, tampoco nos enseñaron sobre cómo utilizar las tarjetas de crédito. Muchas personas las manejan tan mal que las han convertido en enemigas de sus finanzas personales y han creado una muy mala imagen de las tarjetas de crédito que incluso hacen que otras personas huyan de ellas y las satanicen.

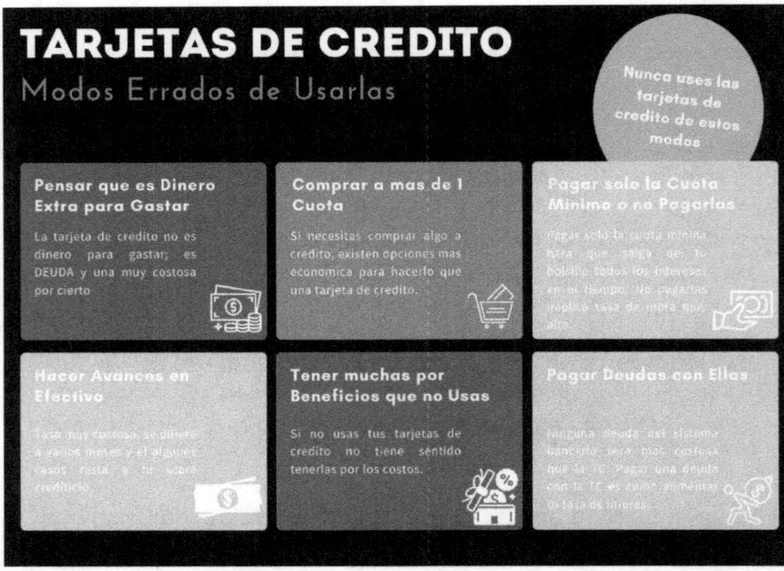

Hoy descubriremos como podemos convertir a las tarjetas de crédito en unas grandes aliadas de nuestras finanzas. Las tarjetas de crédito son muy importantes para nuestra vida financiera y siempre deberíamos tener al menos 1 con nosotros.

Comportamientos para Evitar con nuestras Tarjetas de Crédito (TC):

1. Pensar que las Tarjetas de Crédito son Dinero Extra para Gastar

   Este es quizá el error más común que comete la gran mayoría de personas. Este comportamiento errado obedece en parte a la inmediatez crónica y a la necesidad de aparentar un estilo de vida que no podemos costear en este momento.

   Nuestros ingresos no son suficientes para comprar las cosas que queremos, pero las queremos ya, así que en vez de hacer una planificación financiera y ahorrar la cantidad de dinero necesaria para comprarlas en un futuro, preferimos usar la tarjeta de crédito para tenerlas ya, con la "promesa" de pagar dicha deuda más rápido con el próximo ingreso extra.

   El problema es que luego aparece una siguiente cosa que queremos y hacemos la misma promesa comprometiendo un posible ingreso futuro que no tenemos 100% certeza que se materialice o cuando se logra materializar hemos gastado tanto que posiblemente ya no es suficiente. Eso sin contar todos los intereses que ya hemos pagado anteriormente.

   Lo que tenemos que entender es que las tarjetas de crédito no son dinero extra, ni hacen parte ni complementan nuestros ingresos. Las tarjetas de crédito son deuda y una muy cara, por cierto. Generalmente van a tener la tasa de interés más costosa del sistema bancario del país por lo que pagar intereses con ella no es lo más inteligente.

2. Comprar a más de 1 cuota

   Los intereses de las tarjetas de crédito son unos de los más costosos del sistema bancario. La gran mayoría de las tarjetas te permiten hacer compras a 1 sola cuota sin intereses. La ventaja de esto es que tienes hasta 45 días para devolver el dinero. Pero cuando compras a más de 1 cuota estas pagando una de las tasas de interés más altas del mercado.

Muchas personas toman como excusa el hecho de que si no es endeudándose no pueden adquirir las cosas que necesitan o quieren. Eso en parte en es verdad. En nuestros países latinoamericanos con los índices de pobreza que tenemos, los índices de desigualdad de la riqueza, faltas de oportunidades y corrupción extrema es muy difícil aplicar todo lo que dicen los grandes gurús extranjeros de las finanzas personales y el pensamiento positivo.

Eso de que "el pobre es pobre porque quiere" no es verdad. Para algunas personas la situación es realmente extrema porque su medio social los condiciona demasiado y no es fácil salir de allí y progresar en la vida.

Sin embargo, así sea cierto en tu caso que si no es endeudándote no puedes conseguir las cosas que quieras o necesitas, hacerlo a través de la tarjeta de crédito es lo peor que puedes hacer. Si necesitamos comprar cualquier cosa a crédito, mejor vamos a un banco y solicitamos un préstamo, nos saldrá mucho más barato. No dejemos que la pereza de solicitar un prestamos bancario nos haga pagarle intereses tan costosos a nuestra tarjeta de crédito.

3. Pagar solo la cuota mínima

Si actualmente tenemos deuda en nuestra tarjeta de crédito, un comportamiento que nos perjudica muchísimo es pagar solo la cuota mínima mensual. La cuota mínima es exactamente eso, lo MINIMO que deberías pagar ("pasar la materia/asignatura en 3 sobre 5") pero no es lo recomendable de ninguna forma.

Pagar la cuota mínima lo único que te asegura es que pagaras el 100% de los intereses de tus deudas y como ya sabemos los intereses de la tarjeta de crédito son de los más costosos que puedes pagar. Así que, si ya tienes deuda, siempre intenta hacer abonos extra a capital para disminuir el tiempo de tus deudas y por ende ahorrar mucho dinero en intereses que dejarías de pagar.

4. Hacer avances en efectivo

Hacer avances en efectivo con tu tarjeta de crédito tampoco es buena idea porque en algunas de ellos la tasa de interés es incluso mayor a la normal. Además, los avances en efectivo generalmente se difieren a varios meses, así que no solo estarías pagando intereses muy altos, sino que además por bastante tiempo.

Además de lo anterior, algunos bancos y/o tarjetas bajan tu puntaje en centrales de riesgo por hacer avances con tu tarjeta de crédito. Para ellos, si necesitas dinero de tu tarjeta de crédito es porque algo anda mal con tus ingresos y empiezan a señalarte de alguna manera porque te puedes volver un riesgo. Tenlo muy en cuenta. (Obvio dependerá de las leyes en tu país, políticas de cada banco y tarjeta y algunos otros factores)

5. Tener muchas Tarjetas por Beneficios que nunca usas

Si te dejas convencer fácilmente de los vendedores de los bancos de tarjetas de crédito, puedes terminar fácilmente con muchas tarjetas en tus manos. Los beneficios que ofrecen las diferentes tarjetas son muy variados: seguro de viaje, descuentos en establecimientos comerciales, promociones, devoluciones de dinero, millas, puntos, asistencias en viaje, seguro de vehículos, etc.

El problema de tener tantas tarjetas son los costos de mantenerlas. Si tus tarjetas te cobran cuotas de manejo o administración, y tú las tienes solo por los beneficios que éstas te dan, pero casi no los usas y al mes terminas pagando más en cuotas de manejo y cargos mensuales que lo que ahorras con los beneficios, pues todo esto está perjudicando tus finanzas. Si no llevas un control estricto de cuanto ganas con los beneficios vs lo que te están costando las cuotas de manejo, probablemente estés perdiendo dinero.

Lo recomendable es no tener más de 2 tarjetas de crédito. Si vas a tener más, asegúrate que todas estén exentas de cuota de manejo y no permitas que te den beneficios que te cobren automáticamente montos mensuales a menos que dichos beneficios te permitan ahorrar más de lo que te están cobrando.

6. Pagar otras deudas con la tarjeta de crédito.

   Si tienes otras deudas legales dentro del sistema financiero de tu país, es un error pagar las cuotas de esas deudas con tu tarjeta de crédito. ¿Por qué? Porque ya vimos que tu tarjeta de crédito tendrá una de las tasas de interés más altas de todo el sistema financiero por lo que probablemente las tasas de tus otras deudas sean menores a las de tu tarjeta. Al final si pagas las cuotas de tus deudas con tu tarjeta de crédito es como si estuvieras cambiando una tasa de interés más baja por una más alta y todo esto al final te va a costar muchísimo más en el tiempo.

Los Beneficio de Tener Tarjetas de Crédito

Ok, todo lo anterior parece bastante razonable. ¿Entonces es mejor no tener tarjeta de crédito y así evitar problemas y tentaciones? La respuesta es NO.

Las tarjetas de crédito nos traen 3 beneficios principales muy importantes:

1. Poder pagar nuestros gastos del mes diferidos hasta 45 días sin intereses.

2. Acumular millas y/o puntos que luego cambiaremos por productos o servicios que nos saldrán más económicos y así podremos gastar menos.

3. El más importante de todos, nos ayudan a construir nuestro historial crediticio.

El historial crediticio es toda tu historia dentro del sistema financiero. Se va midiendo con un puntaje y las tarjetas de crédito bien manejadas contribuyen a mejorar ese puntaje.

Cuando pagas tus obligaciones financieras a tiempo, no caes en mora, solicitas un préstamo y eres cumplido devolviéndolo, el sistema bancario te califica como una persona confiable a la que se le pueden abrir más puertas a nuevos tipos de crédito, mejores montos, mejores tasas de interés y mejores beneficios.

Si tienes un excelente historial crediticio, puedes ir a cualquier banco y te van a prestar dinero fácilmente. Por el contrario, si tienes un mal historial crediticio los bancos te verán cómo alguien que pone en riesgo su dinero, que podrías llegar a incumplirles los pagos y por ende serán más reacios a prestarte dinero y si lo hacen te cobraran intereses mucho más altos para que el riesgo que representas les valga la pena.

Usando correctamente las tarjetas de crédito podemos aumentar el puntaje de nuestro historial crediticio, lo que luego se traducirá en beneficios como: mayor acceso a créditos (te prestan más fácil), tasa de interés más bajas (te prestan más cantidad de dinero y más barato que al resto de las personas), más tiempo de cuotas sin intereses, más beneficios y descuentos en más establecimientos comerciales, entre otros.

Al tener que pagar menos intereses, tener más descuentos y promociones y más tiempo de diferir créditos sin intereses, esto mejorará enormemente tus finanzas personales porque todo lo que compras te empieza a salir más barato que a las demás personas. Allí está el secreto y la gran diferencia entre quienes saben administrar sus tarjetas de crédito y quienes no.

Como Usar las Tarjetas de Crédito en Nuestro Beneficio

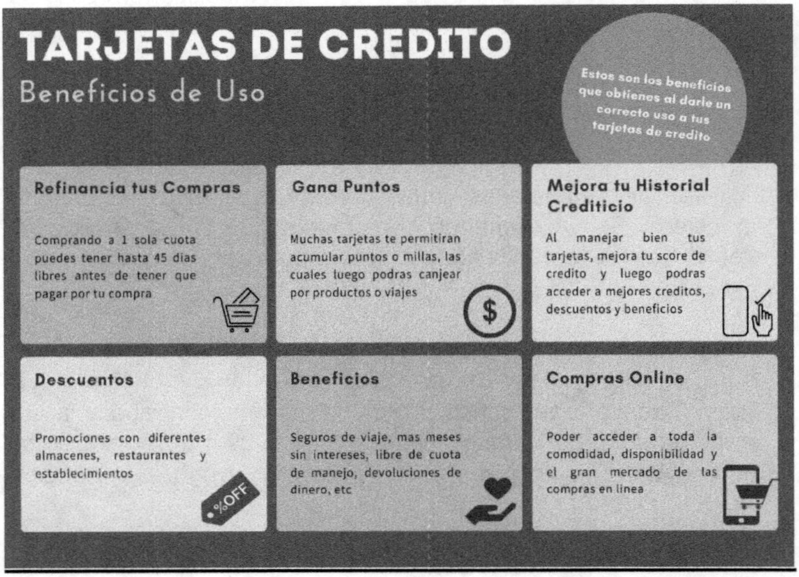

Puedes utilizar tu tarjeta de crédito para pagar todos tus gastos del mes; eso sí, todas tus compras hazlas a 1 sola cuota para que no te generen intereses.

¿Cómo hacemos esto de forma controlada? Recuerda que la tarjeta de crédito no es un complemento de tus ingresos, sino que es deuda. Así que cada que compres algo con la tarjeta de crédito deberás separar dicha cantidad en una cuenta aparte como si se restara de tus ingresos.

Por ejemplo, podrías tener un fondo de inversión o una cuenta de ahorros aparte donde enviarás diaria o semanalmente el dinero equivalente a lo que hayas comprado con tu tarjeta de crédito.

Compras algo con tu tarjeta y paralelamente envías esa misma cantidad de dinero al fondo. Al final del mes, lo que debas en la tarjeta de crédito debe ser igual a todo el dinero que enviaste en paralelo al fondo de inversión. Entonces simplemente retiras del fondo dicha cantidad y pagas la tarjeta de crédito.

La ventaja de hacerlo con un fondo de inversión es que durante el tiempo que el dinero estuvo en él, generó intereses que quedaran para ti como una ganancia mientras pagas completamente tu obligación con la tarjeta de crédito.

Ten en cuenta que el fondo de inversión debe permitirte hacer adiciones en cualquier momento y darte la disponibilidad de tu dinero dentro del mismo mes. Además de no ser un fondo de mucho riesgo donde pierdas dinero.

También podrías hacerlo más sencillo. Crea otra cuenta de ahorros en el mismo banco o un bolsillo virtual y allí depositas el dinero equivalente a tus compras de la tarjeta de crédito. Al final de la semana o de la quincena o del mes (o diario si quieres) tomas el dinero de esa cuenta de ahorros paralela o del bolsillo virtual y cancelas el saldo de la tarjeta de crédito.

La única diferencia es que aquí no ganaras intereses por el dinero que tuviste, pero si ganas flexibilidad y disponibilidad del capital en cualquier momento.

Sea como sea que decidas hacerlo lo importante es que utilices tu tarjeta de crédito para ganar puntos o millas, aumentar el puntaje en tu historial crediticio para que te vuelvas una persona más atractiva para el sector financiero y puedas gozar de mejores beneficios que a la mayoría de las personas no les ofrecen.

Respecto a que por qué podemos diferir nuestras compras hasta 45 días sin intereses, esto va a depender también de nuestro conocimiento manejando la tarjeta de crédito.

Las tarjetas de crédito tienen 2 fechas importantes: La fecha de corte y la fecha de Pago.

La fecha de corte indica el día hasta el cual se liquidarán todas las compras y sus intereses dentro del mes. Es decir, hasta ese día del mes se tendrán en cuenta todas las compras e intereses para generarte el total a pagar posteriormente.

La fecha de pago indica el día máximo que tienes para pagar el valor generado en la fecha de corte. Esta fecha de pago puede estar dentro del mismo mes de la fecha de corte o en el mes siguiente. Generalmente después del corte tienes hasta 15 días para pagar el valor generado en el corte.

¿De dónde salen entonces los 45 días?

Resulta que las fechas de corte y de pago generalmente caen el mismo día de cada mes; es decir tu fecha de corte por ejemplo es el día 10 de cada mes y la fecha de pago seria a los 15 días de la fecha de corte, en este ejemplo el día 25 de cada mes (Pueden variar uno que otro día en algunos meses).

Entonces si compras algo con la tarjeta de crédito el día inmediatamente después a la fecha de corte, dicha compra no queda dentro de ese corte, sino que ya quedaría relacionada para el siguiente corte que será dentro de 30 días.

Una vez hayan pasado 30 días y llegue el nuevo corte, ahora si esa compra queda relacionada, pero la fecha de pago es 15 días después, así que en total tienes hasta 45 días para pagar tu compra sin intereses.

En el siguiente grafico puedes ver esto con la compra #1.

Dia de Corte TC	10
Dia de Pago TC	25

Ordena Tu Vida Hoy:
Indica que dia del mes actual hiciste o haras tu compra

#	Compra	Dia de la Compra
1	Compra 1	11
2	Compra 2	2
3	Compra 3	24
4	Compra 4	2
5	Compra 5	29
6	Compra 6	4
7	Compra 7	21
8	Compra 8	29
9	Compra 9	17
10	Compra 10	21
11	Compra 11	17
12	Compra 12	16
13	Compra 13	24
14	Compra 14	22
15	Compra 15	1
16	Compra 16	28
17	Compra 17	3
18	Compra 18	10
19	Compra 19	13
20	Compra 20	26

Mes Actual: 1 2 3 4 5 6 7 8 9 10 11 12 13 14 15 16 17 18 19 20 21 22 23 24 25 26 27 28 29 30

Mes Siguiente: 1 2 3 4 5 6 7 8 9 10 11 12 13 14 15 16 17 18 19 20 21 22 23 24 25 26 27 28 29 30

En el grafico anterior vemos como la fecha de corte es el día 10 de cada mes y la fecha de pago los días 25 de cada mes. Los cuadros resaltados representan los días que tengo libres sin necesidad de pagar aun la compra con mi tarjeta de crédito.

Observa como todas las compras hechas antes de a fecha de corte del mes actual, se deben pagar en la fecha de pago del mismo mes actual. Mientras que las compras hechas después de la fecha de corte del mes actual, ya su pago queda para la próxima fecha de pago en el mes siguiente.

Sabiendo lo anterior puede planear por ejemplo compras grandes que vayas a hacer el mes para beneficiarte lo máximo posible de ellas. Por ejemplo. Imagina que debes pagar el semestre de la universidad de tu hija o hijo y tienes el dinero disponible en tu cuenta bancaria.

Si pagas el semestre con el dinero de tu cuenta bancaria, no tuviste que pedir ningún crédito al sistema bancario, usaste tu dinero, por lo que tu historial crediticio no se benefició. Tampoco ganaste millas, ni puntos, ni descuentos ni aumentaste tu puntaje porque no usaste el crédito de tu tarjeta de crédito.

Ahora, imagina que pagas el semestre con tu tarjeta de crédito a 1 sola cuota justo 1 día después de la fecha de corte. Utilizaste el sistema bancario pidiendo un préstamo a tu tarjeta de crédito, ganaste millas y/o puntos por esa compra que fue grande, tu historial se nutre. Paralelamente, tomaste el dinero que tenías en tu cuenta bancaria para el semestre y lo enviaste al fondo de inversión que tienes destinado para luego pagar la tarjeta de crédito. Ya sabes que tienes hasta 45 días para devolver el dinero a tu tarjeta de crédito. Durante ese tiempo tu dinero ha estado rindiéndote intereses en el fondo de inversión.

Cuando llegue la fecha de pago, simplemente retiras el dinero del fondo, saldas la deuda en tu tarjeta de crédito, tu calificación crediticio mejora porque devolviste el dinero dentro del plazo acordado y fuiste muy cumplido. Ahora el banco ve que eres responsable financieramente y decide ofrecerte mejores beneficios y un crédito extra a tasa más bajas para el próximo mes. Además de esto, los intereses que el dinero ganó mientras estuvo 45 días en el fondo de inversión quedaron libres para ti.

Es decir, no solo pudiste pagar el semestre de la universidad de tu hija o hijo, sino que además ganaste dinero con el fondo, mejoraste tu calificación crediticia, el banco te bajó la tasa de intereses para futuros créditos, te aumentaron el cupo de la tarjeta de crédito y te dieron mayores descuentos en establecimientos comerciales con convenios, etc.

¿Ves la diferencia? ¿Ves por qué debes tener una tarjeta de crédito en tu vida? Eso sí, sabiéndola administrar correctamente y entendiendo como usarla.

Palabras Finales del Capitulo Extra

Este fue un capítulo muy diferente, lo admito. La introducción parecía no tener que ver mucho con el tema de las tarjetas de crédito, mucho menos el experimento del malvavisco y el tema de retrasar la gratificación, pero como pudiste descubrir todos están muy correlacionados.

No quise explicarte este tema solamente desde el punto de vista financiero porque la mayoría de nosotros ya sabemos que las tarjetas de crédito tienen una tasa de interés altísima, sabemos que entre más difiramos las compras, más vamos a pagar en intereses y ni nos interesa saber cuánto será.

Por eso quise darle otro enfoque, uno más desde el comportamiento humano, uno más cercano a todos y con el cual nos sintamos más identificados. Como siempre digo, de la información que uno recibe hay que tomar lo que haga sentido para nosotros, lo que queramos poner en práctica porque le encontramos su razón de ser.

Espero que este reto de ayude a administrar y sobre todo a aprovechar mucho más tus tarjetas de crédito y si creías que eran malas y huías de ellas, puedas reflexionar y empezar a reconciliarte con ellas y convertirlas en aquellas aliadas que tanto necesitan tus finanzas personales durante este proceso que estas emprendiendo.

EPÍLOGO

Eran las 10:35am de miércoles 18 de abril de 2018 cuando fui al banco a saldar la última de mis deudas malas. Estaba muy feliz de convertirme en una persona libre de deudas y a la vez expectante y algo extrañado de cómo se sentiría vivir sin tener que pagar ninguna deuda.

Como era día de semana y yo ya trabajaba desde casa, también fue un poco extraño ver el banco casi sin fila. Creo que nunca me había puesto a analizar lo diferente que era el mundo en un día de semana fuera de la oficina. Me sentía con más ligero, más libre.

Por fin llegó mi turno, pasé delante del empleado del banco y le dije con cierto orgullo "vengo a cancelar la totalidad de mi deuda". El empleado recibió mi recibo, luego el dinero y después de unos minutos me entregó mi recibo y me dijo que podía solicitar ya mi paz y salvo por internet y que mi deuda estaba en cero.

Me había convertido en una persona libre de deudas y el sentimiento fue maravillo.

Lo que empezó cuando renuncié a ese empleo horrible por el que tanto me quejaba, terminaba en un primer gran meta que era lograr no tener más deudas malas nunca más. Hasta el día de hoy esa meta sigue cumplida.

Yo nunca había pensado en como seria vivir sin deudas. Desde que me gradué de la universidad tenía la deuda del crédito de estudio. Recuerdo que mi primer sueldo fueron 700.000 pesos colombianos mensuales y la cuota mensual de mi crédito universitario eran 698.000 pesos colombianos. Es decir, trabajaba todo el mes y me quedaban 2000 pesos (0,5 dólares).

Yo nunca había podido disfrutar un salario completo a causa de las deudas. Pasé 10 años de empleado y nunca había podido tener mi sueldo completo. Siempre estuve endeudado. Y cuando pagaba unas cuentas deudas, algo dentro de mí me decía que adquiriera deudas nuevas; como si estar sin deudas fuera algo malo o extraño.

Y fue solo hasta ese miércoles 18 de abril de 2018 que fui libre. Mas que felicidad o satisfacción por haber alcanzado ese logro, lo que me invadió al salir del banco fue una paz y una tranquilidad indescriptible.

Recuerdo que aspiré profundo y levanté los brazos hacia el cielo y el sucio aire de la ciudad se me hizo tan puro como el del campo. Era paz lo que respiraba.

Luego de eso, alcancé junto con mi esposa Adriana muchas otras metas financieras, personales y en pareja y todo este proceso nos ha cambiado la vida para mucho mejor.

Empecé el proyecto de www.ordenatuvidahoy.com con los libros y los video-cursos como mi forma de compartir con las personas que lo necesitan, todo el conocimiento que me ayudó a mi a sentir esa paz de ser una persona libre de deudas; a sentir la emoción cuando generé mis primeros ingresos pasivos y descubrir que si era posible ganar dinero sin mover un dedo; a sentir esa esperanza y esa seguridad de que lo que cosechemos hoy darán grandes frutos en el mañana.

Todo eso quiero compartirlo con las personas, quiero compartirlo contigo.

El haber sufrido tanto en mis empleos, tantas injusticias, tanta depresión, tantos dolores de cabeza, fue la forma en que la vida me quiso mostrar que ese no era mi camino, pero por mi miedo a quedarme sin un salario fijo, yo no era capaz de ver lo que la vida quería mostrarme.

Sin embargo, esa terquedad de seguir allí aguantando y esperando por un cambio externo (en vez de hacer el cambio yo mismo) me permitió conocer muchas buenas personas que, como yo, sufrían injusticias en esos empleos.

Esas buenas personas se atan a lo que no los hace felices porque necesita ese salario para sostener a sus familias, como yo en algún momento.

Allí comprendí que saber administrar el dinero era vital, porque más allá de las creencias que cada uno tenga sobre el dinero, que, si es bueno o malo, no podemos negar que hace parte de nuestras vidas y nos la puede facilitar o complicar mucho.

Ahora que estoy del otro lado y que muchas buenas personas aún están en ese sufrimiento, que por problemas de dinero no pueden disfrutar tanto de la vida como quisieran o que por necesidad de dinero se dedican solo a trabajar y no a lo que realmente les gusta, a su propósito de vida, o que se sienten controlados o atados a otros, creció en mi la necesidad de ayudarlos y de compartir con ellos mi conocimiento.

Se que no todos estarán dispuestos a escucharme, se también que algunos les parece normal trabajar toda la vida para pagar deudas, pero también sé que otros pueden querer aprender y es ese interés de querer superarme lo que más me motiva a continuar con este proyecto y que, con este libro, doy un paso más.

Solo me queda agradecerte por haber leído lo que tenía para compartir contigo. Espero de todo corazón haberte enseñado cosas nuevas para ti, ojalá en más de un párrafo hayas quedado muy sorprendido por no haber sabido esa información desde antes, pero sobre todo espero haberte inspirado lo suficiente para que quieras poner todo este conocimiento en práctica y pases a la acción lo antes posible.

A partir de hoy eres una persona nueva; una persona más consciente de sus finanzas y de su dinero; una persona con un deseo de querer ser mejor y un objetivo a lograr. Eres parte de un movimiento, el movimiento de los que buscamos ser felices y trabajar duro por nuestros sueños para no sufrir más por dinero.

Bienvenid@

Un abrazo,

Andres Felipe Velasco

Ordenatuvidahoy.com

"*Recuerda que este proceso no es una carrera de velocidad contra los demás. Es una carrera de resistencia y persistencia de ti contra ti mism@*"

¿Quieres Saber Más?

En Ordena Tu Vida hoy, en el Pilar de Educación financiera, tenemos 5 componentes fundamentales para que una persona pueda ordenar sus finanzas personales y lograr sus metas económicas:

Cambiar tu Relación con el dinero:

Un coaching para deshacerte de aquellas creencias limitantes que no te dejan avanzar en tus metas financieras

Ver más información Aquí

Aprende a Cuidar tu Dinero:

No todo se trata de ganar más dinero. La libertad financiera también se logra más rápido reduciendo gastos innecesarios que no vemos

Ver más información Aquí

Planifica tus Finanzas:

La libertad financiera se nos hace tan lejana porque nunca hemos calculado cuánto dinero exactamente necesitamos para llegar a ella. Aprende a Planificar todas tus finanzas en pro de tus metas

Ver más información Aquí

Administra y Paga Tus Deudas de Forma Inteligente:

Las deudas malas es un error que todos cometemos y que nos aleja de nuestras metas financieras. Descubre como ser una persona libre de deudas

Ver más Información Aquí

Haz que tu Dinero Trabaje para ti:

Aprende a hacer tus primeras inversiones de forma controlada y segura para que empieces a recorrer el camino de los ingresos pasivos y te acerques más a tus metas financieras

Ver más información Aquí

Estos 5 componentes fundamentales reúnen todo lo que una persona debería saber y aplicar para ordenar sus finanzas personales y cambiar su estilo de vida y en ellos enfocamos nuestra enseñanza y puedes adquirir el curso en video del tema que más te guste.

¿Te interesa más de 1 tema?

No te preocupes, pensando en eso, creamos un coaching en finanzas personales totalmente completo que reúne los 5 cursos anteriores en uno solo. Te presento:

No Se Trata De Cuanto Ganas, Sino De Como Lo Administras

Son más de 30 horas en video para que aprendas todo lo necesario sobre las finanzas personales para darles un giro total. Incluye 14 plantillas financieras en Excel para que apliques todo lo que vas aprendiendo con tus propios números y además 13 ebooks financieros para complementar la información de las clases. Es un Super combo con nuestro mejor material.

Ver más información Aquí

¿Te gusta leer y Aprender?

Si estás descontento con tu empleo o con tu progreso profesional, este libro puede ayudarte:

Si te interesa cualquiera de estos programas para continuar tu formación financiera y coaching, no dudes en contactarme para más información y tendré un descuento especial para ti por haber adquirido ya este libro o visita también www.ordenatuvidahoy.com

+57 316 846 2056

ES HORA DE

DEJAR DE SUFRIR POR DINERO

Este libro es un coaching completo de finanzas personales donde no solo te enseña paso a paso como ordenar y mejorar tus finanzas personales con casos reales que puedes aplicar a tus propios números, sino que además te revelará comportamientos inconscientes que no te están permitiendo conservar y multiplicar tu dinero.

Mientras muchos se centran en el generar mas dinero como la única forma de alcanzar nuestras metas, porque es la forma mas excitante, aquí se te explica el panorama completo porque la tranquilidad financiera no solo se logra ganando mas dinero, sino cuidando y valorando el que ya tienes y este ultimo punto es igual de importante que el primero y aquí encontraras ambos.

Adéntrate en un viaje no solo para conocer tus finanzas y mejorarlas radicalmente, sino también en un viaje de autodescubrimiento personal, un coaching personal que te hará crecer mucho en pro de mejorar tu propia vida a la vez que mejoras tus finanzas.

Bienvenid@ a esta aventura

www.ordenatuvidahoy.com

www.ingramcontent.com/pod-product-compliance
Lightning Source LLC
LaVergne TN
LVHW010753051026
849532LV00007B/2361
* 9 7 8 9 5 8 4 9 5 1 3 6 6 *